会話力を高めるための

英単語
リスキリング

清水建二 著

JN045641

プレジデント社

はじめに

昨今、「リスキリング(reskilling：学び直し)」という言葉を、メディアなどでよく耳にするようになりました。

実際、私のところにもかつての教え子たちから、「シミケン先生、英語の勉強をやり直したいと思っているのですが、何から始めたらいいでしょうか？」という質問をよく受けるようになりました。社会に出て、様々な場面で英語の重要性を実感したものの、勉強のやり直しを何から始めたらよいか悩んでいるのでしょう。

この質問に対する私の答えはズバリ、「まずは単語の勉強から始めなさい」です。いくら複雑な構文や文法を知っていたところで、単語がわからなければ、意味を理解することはできません。

まずは、自分のレベルや目的に合った単語集を選ぶことになりますが、ここで絶対にやってはいけないことがあります。

それは音声も例文もついていない単語集で単語を一語一訳的に暗記し、それで覚えたと満足してしまうことです。しかし、このような覚え方では、それらの単語が含まれる英語を聞いても内容を理解することはできないし、実際に使うこともできません。

私がおすすめするのは**「例文で覚える英単語学習法」**です。時間に余裕のない人にとっては、地道な方法になるので敬遠されがちですが、「この学習法がベスト」というのが、40年間にわたり高校で教鞭をとってきた私の結

論です。

　ただ、これには条件がひとつあります。初級者に取り組めるように、例文は短文でなければなりません。しかし、一般社会人向けに、この条件を満たす単語集は、私が調べた限り、見つけることができませんでした。

　本書の最大の特長は「**話すための英単語集**」をコンセプトに編集をした点にあります。英語を話すことができるようになるということは、別の言い方をすれば、単語の並べ方を習得するということでもあります。そういう意味では、みなさんが学生時代に英語の授業で教わった5文型が最も重要な要素となります。

　単に単語力を向上させるためだけでなく、「**会話するのに必要な文法力と構文力を同時に身につけることができる**」というコンセプトでつくられた本書は、これまでにない画期的な学習書籍であると自負しております。本書が読者のみなさんの英語リスキリングの一助となり、会話力の飛躍的な向上につながることを願っております。

2023 年 1 月吉日　清水建二

目次

第1章　５文型で覚える英単語

第2章　名詞中心構文で覚える英単語

第3章　動詞中心構文で覚える英単語

【シミケン先生の英語学習コラム】

本書の使い方

トラック番号

当該番号のマークから次の番号のマークまでの見出し語と例文の音声 (英文のみ) が収録されています。音声の聴き方については、10～11ページをご参照ください。

動詞

🔊 TRACK **21**

見出し語

日常会話で頻出する英単語を1,634厳選し、本書のコンセプトに沿って掲載しています。

例文

見出し語ごとに、短くて覚えやすい例文を掲載しています。見出し語に相当する部分は、英文では太字に、訳文では赤字になっています。市販の赤シートを使えば、訳文の見出し語が消えるので、復習に役立ちます。

□ 0620

care
[kéər]

動 (～を) 気にかける
名 注意、心配、世話

I don't **care** what you said.
あなたが言ったことを気にかけません (＝どうでもいい)。

□ 0621

wonder
[wʌ́ndər]

動 ～だろうかと思う、～を不思議に思う
名 驚き、不思議

I **wonder** what time it is.
今何時だろう。

□ 0622

guess
[gés]

動 ～を推測する、～だと思う、～を言い当てる
名 推測、推量

Can you **guess** where I have been?
私はどこに行っていたかわかる?

□ 0623

discover
[dɪskʌ́vər]

動 ～を発見する

Who do you think **discovered** this island?
この島を発見したのは誰だと思いますか。

□ 0624

calculate
[kǽlkjəlèɪt]

動 ～を計算する

I have no idea how to **calculate** GDP.
GDPの計算方法がまったくわかりません。

□ 0625

design
[dɪzáɪn]

動 ～を設計する、～を計画する
名 デザイン、設計図、意図

Who do you think **designed** this building?
このビルを設計したのは誰だと思いますか。

158

使用されている記号
動 動詞　**名** 名詞　**形** 形容詞　**副** 副詞　**接** 接続詞　**前** 前置詞

□ 0626
demonstrate
[démənstrèit]

動 ～を見せる、～を証明する、～を説明する

Can you **demonstrate** how to use it?
その使い方を見せてくれますか。

□ 0627
describe
[dɪskráɪb]

動 ～を表現する、～の特徴を述べる

He couldn't **describe** how he felt.
彼は気持ちを表現できなかった。

□ 0628
indicate
[índəkèit]

動 ～を示す、～をほのめかす

The map **indicates** where you can park.
その地図はあなたが駐車できる場所を示しています。

□ 0629
separate
[sépərèit]

動 ～を分ける、～を引き離す、分かれる、別れる

I don't know how to **separate** the garbage.
ゴミの分別方法がわからない。

□ 0630
delete
[dɪlí:t]

動 ～を消去する

Tell me how to **delete** my Facebook account.
フェイスブックのアカウントの消去方法を教えてください。

□ 0631
dispose
[dɪspóuz]

動 処分する、～を配置する

They don't know how to **dispose** of waste.
ゴミの処分方法を彼らは知らない。

159

発音記号

見出し語の発音記号です。細かい発音よりもアクセントを意識して聴いてください。

音声の利用方法

本書の音声を聴取する方法は2通りあります。

1　小社サイトから音声を
　　再生して聴く（PC、スマホ）

(1) 小社の下記のサイトに、以下のいずれかの方法で
　　アクセスする。

　　PCの場合……下記のURLを入力する
　　https://president.jp/list/eigo/words

　　スマホの場合……右のQRコードを読み取る。

(2) 右掲の画面で、聴きたい
　　トラックの▶をクリックして
　　ストリーミング再生する。

2　英語学習アプリ「abceed」を
　　通じて聴く（スマホのみ）

(1)　スマホに「abceed」アプリをインストールする
　　（無料）。
(2)　ホーム画面から「見つける」を選択し、本書『会話
　　力を高めるための英単語リスキリング』を検索する。
(3)　「音声（無料）」を選択する。
(4)　聴きたいトラックを選択して再生する。

※「abceed」へのアクセスは右ページをご参照ください。

abceed
AI英語教材エービーシード

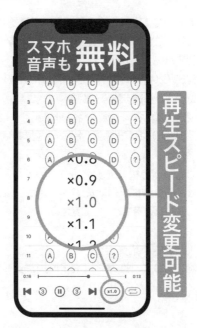

スマホ音声も**無料**

再生スピード変更可能

×0.8
×0.9
×1.0
×1.1
×1.2

ご利用の場合は、下記のQRコードまたはURLより
スマホにアプリをダウンロードしてください。

https://www.abceed.com
abceedは株式会社Globeeの商品です。

本書の全体構成

第1章　5文型で覚える英単語

　英文を組み立てる際に覚えるべき単語の並べ方を5つのグループに分けて名詞・動詞・形容詞の使い方をマスターする。

・第1文型SV（名詞＋動詞）
・第2文型SVC（名詞＋動詞＋名詞または形容詞）
・第3文型SVO（名詞＋動詞＋名詞）
・第4文型SVOO（名詞＋動詞＋名詞＋名詞）
・第5文型SVOC（名詞＋動詞＋名詞＋名詞または形容詞）

第2章　名詞中心構文で覚える

　日常会話に頻出する決まったパターンとともに覚える名詞と名詞的に使われる構文とともに覚える。

第3章　動詞中心構文で覚える

　助動詞を含む文、「進行形」「完了形」「受動態」「仮定法」などの構文を覚えながら身につける。

第4章　形容詞中心構文で覚える

　比較構文や、名詞に絡みついた関係詞など、複数の語句で直前の名詞を修飾する形容詞的な表現を身につける。

第5章　副詞中心構文で覚える

　1語の副詞や、副詞的な意味を持つ慣用句的な表現、副詞的な働きを持つ前置詞や接続詞の使い方を身につける。

第1章

5文型で覚える英単語

(1) **He left.**

彼は去って行った。

(2) **He left Japan.**

彼は日本を去った

(3) **He left for Paris.**

彼はパリに向かった。

　left は **leave** の過去形ですが、動詞の使い方には2つあり、（2）のように直後に **Japan** などの名詞が続くときが他動詞、（1）のように直後に名詞がない場合が自動詞です。（1）も（2）もどちらも正しい文ですが、（1）は単に「去って行った」だけを表して伝える内容に不十分さが感じられるため、実際には（3）のように、「行き先」や「方向」を表す前置詞 **for** を使って、「**He left for Paris.**（彼はパリに向かった）」のように表現します。

自動詞と他動詞の区別

「話す」や「話し合う」という意味の動詞に **discuss** と **talk** があります。たとえば、「私たちはその問題について話し合った」ことを伝えるには、次のように表現します。

（4）**We discussed the problem.**
（5）**We talked** about **the problem.**

　discuss は他動詞なので直後に目的語となる名詞が続きますが、**talk** は自動詞なので直後に名詞は続きません。しかし、「**discuss** ＝他動詞、**talk** ＝自動詞」という暗記をしてはいけません。このような覚え方では、すぐに忘れてしまうからです。大切なのは、**discuss** や **talk** が自動詞であるとか他動詞であるとかを区別することではなく、例文を通して自然に使い方を身につけることです。また、自動詞である **talk** の場合、後に続くのは **about** だけではないので、余裕ができたら次のような例文で覚えることをおすすめします。

（6）**Can I talk** to **you for a minute?**
　　ちょっと話しかけてもいいですか。
（7）**I'll talk it over** with **my teacher.**
　　そのことについては先生に相談します。

自動詞(後ろに目的語が続かない動詞) TRACK **01**

☐ 0001

listen
[lísn]

動 聴く、耳を傾ける

Listen to him.
彼の言うことを聴きなさい。

☐ 0002

work
[wə́:rk]

動 働く、作動する、効く
名 仕事

I **work** for a bank in Tokyo.
東京の銀行に勤めています。

☐ 0003

happen
[hǽpən]

動 起こる

The accident **happened** at midnight.
その事故は夜中の12時に起こった。

☐ 0004

rise
[ráɪz]

動 上がる、増す　rise - rose - risen
名 上昇、増加

The sun **rises** in the east.
太陽は東から昇る。

☐ 0005

wait
[wéɪt]

動 待つ、給仕する

Are you **waiting** for someone?
誰かを待っているのですか。

☐ 0006

belong
[bɪlɔ́(:)ŋ]

動 所属する、ものである

He **belongs** to the tennis club.
彼はテニス部に所属している。

□ 0007

lie
[láɪ]

動 ある、横たわる　lie - lay - lain

She's **lying** on the sofa.
彼女はソファに横になっている。

□ 0008

appear
[əpíər]

動 現れる、世に出る、見える

My English teacher **appeared** on TV yesterday.
昨日、私の英語の先生がテレビに出ました。

□ 0009

last
[lǽst]

動 続く、長持ちする
形 最後の

How long did the storm **last**?
嵐はどれくらい続きましたか。

□ 0010

appeal
[əpíːl]

動 訴える、気に入る
名 訴え、魅力

The modern design **appealed** to young people.
その近代的なデザインは若者に訴えるものがあった。

□ 0011

depend
[dɪpénd]

動 次第である、頼る

It **depends** on your efforts.
あなたの努力次第です。

□ 0012

graduate
[grǽdʒuèɪt]

動 卒業する

I **graduated** from Sophia University 40 years ago.
私は40年前に上智大学を卒業した。

□ 0013

react

[riǽkt]

動 反応する

How did you **react** to his comments?
あなたは彼のコメントにどう**反応しました**か。

□ 0014

consist

[kənsíst]

動 成る、ある

Each class **consists** of 20 students.
各クラスは20人の生徒から**成る**。

□ 0015

apologize

[əpá:lədʒàɪz]

動 謝る

You should **apologize** to the boss for being late.
遅刻したことを上司に**謝った**ほうがいいですよ。

□ 0016

object

動 [əbdʒékt] 名 [á:bdʒɪkt]

動 反対する
名 目的、物体

She **objected** to rewriting the article.
彼女はその記事を書き直すことに**反対した**。

□ 0017

proceed

[prəsí:d]

動 進む、続ける

Please **proceed** to gate 26.
26番ゲートに**お進み**ください。

□ 0018

result

[rɪzʌ́lt]

動 結果に終わる、結果生じる
名 結果

Our efforts **resulted** in success.
私たちの努力は成功に**終わった**。

□ 0019

compete
[kəmpíːt]

動 競争する

I **competed** with him for a promotion.
私は昇進をかけて彼と競った。

□ 0020

conform
[kənfɔ́ːrm]

動 従う、一致する

This factory doesn't **conform** to international standards.
この工場は国際基準に従っていない。

□ 0021

consent
[kənsént]

動 同意する、一致する
名 同意、一致

They **consented** to my proposal.
彼らは私の提案に同意した。

□ 0022

vary
[véəri]

動 変わる

Table manners **vary** from one country to another.
テーブルマナーは国ごとに変わります。

他動詞（後ろに目的語が続く動詞） TRACK 02

☐ 0023

raise

[réɪz]

動 ～を上げる、～を育てる

Raise your hand if you have any questions.
何か質問があれば手を**上げて**ください。

☐ 0024

approach

[əpróutʃ]

動 ～に近づく
名 接近、手法

The typhoon is **approaching** Japan.
台風が日本に**近づいている**。

☐ 0025

discuss

[dɪskʌ́s]

動 ～について話し合う（=talk about）

Let's **discuss** this matter tomorrow.
明日、この件について**話し合おう**。

☐ 0026

lay

[léɪ]

動 ～を置く、～を横たえる、(卵) を産む
　　lay - laid - laid

This hen **lays** an egg every day.
この牝鶏は一日に一個卵を**産む**。

☐ 0027

marry

[méri]

動 ～と結婚する

Will you **marry** me?
私と**結婚して**くれますか。

☐ 0028

own

[óun]

動 ～を所有する、～を持っている
形 自分自身の

The company **owns** three branches.
その会社には3つの支店が**ある**。

□ 0029

park
[pá:rk]

動 ～を駐車する
名 公園

Can I **park** my car here?
ここに車を駐車してもいいですか。

□ 0030

water
[wá:tər]

動 ～に水をやる
名 水

Can you **water** the flowers in the garden?
庭の花に水をやってくれますか。

□ 0031

greet
[grí:t]

動 ～に挨拶する

He **greeted** me by saying "Hello!"
彼は「こんにちは」と言って私に挨拶した。

□ 0032

ship
[ʃíp]

動 ～を発送する
名 船

We are ready to **ship** your order.
ご注文を発送する準備はできています。

□ 0033

contain
[kəntéin]

動 ～を含む

This drink **contains** a lot of vitamin C.
この飲み物にはビタミンCがたくさん含まれている。

□ 0034

contact
[ká:ntækt]

動 ～と連絡をとる
名 接触、連絡

I'll **contact** you soon.
近いうちにあなたに連絡します。

□ 0035

mention

[ménʃən]

動 ～に触れる、～に言及する
名 言及すること

I'll never **mention** it again.
そのことについては二度と触れません。

□ 0036

obey

[oubéɪ]

動 ～に従う

I had to **obey** my boss.
上司に従わなければならなかった。

□ 0037

exceed

[ɪksíːd]

動 ～を超える、～を上回る

Tokyo **exceeds** New York City in population.
東京は人口の点でニューヨークを上回っている。

□ 0038

resemble

[rɪzémbl]

動 ～に似ている

He **resembles** his father.
彼は父親に似ている。

□ 0039

inhabit

[ɪnhǽbət]

動 ～に生息する、～に居住する

A variety of birds **inhabit** the island.
様々な鳥がその島に生息している。

□ 0040

oppose

[əpóuz]

動 ～に反対する

No one **opposed** the plan.
誰もその計画に反対しなかった。

□ 0041

witness
[wítnəs]

動 ~を目撃する、~を証言する
名 証人

I **witnessed** the accident.
私はその事故を**目撃した**。

□ 0042

spell
[spél]

動 ~をつづる

How do you **spell** your name?
お名前はどう**つづり**ますか。

□ 0043

pronounce
[prənáuns]

動 ~を発音する

How do you **pronounce** your name?
お名前はどう**発音し**ますか。

□ 0044

take
[téɪk]

動 ~に乗る、~を連れて (持って) 行く
take - took - taken

We **took** a taxi to the museum.
私たちは博物館までタクシーに**乗った**。
Take me to this address.
この住所に**連れて行って**ください。

□ 0045

push
[púʃ]

動 ～を押す
名 押すこと、努力

Don't **push** from behind.
後ろから押さないで。
He **pushed** the money into my pocket.
彼はそのお金を私のポケットに押し込んだ。

□ 0046

change
[tʃéɪndʒ]

動 変わる、～を変える
名 変化

The traffic light **changed** from red to green.
信号が赤から青に変わった。
He often **changes** jobs.
彼はよく仕事を変える（＝転職する）。

□ 0047

drive
[dráɪv]

動 （車を）運転する、（車で）を送る
　 drive - drove - driven
名 ドライブ

Do you **drive**?
車の運転をしますか。
He **drove** me home.
彼は私を家まで車で送ってくれた。

□ 0048

return
[rɪtə́ːrn]

動 戻る、～を戻す
名 戻ること、戻すこと

He **returned** to Japan yesterday.
彼は昨日、日本に戻った。
I have to **return** this book to the library today.
この本を今日、図書館に返さなくては。

□ 0049	
enter [éntər]	動 結ぶ、始める（into）、～に入る（＝go into）

They **entered** into a contract.
彼らは契約を結んだ。

He **entered** the president's office.
彼は社長室に入った。

□ 0050	
grow [gróu]	動 成長する、～を育てる grow - grew - grown

She **grew** up to be a lawyer.
彼女は成長して弁護士になった。

We **grow** potatoes in this field.
私たちはこの畑でジャガイモを栽培している。

□ 0051	
hear [híər]	動 聞こえる、～を聞く hear - heard - heard

I can't **hear** well.
よく聞こえません。

Can you **hear** me?
私の言うことが聞こえますか。

□ 0052	
hurt [hə́:rt]	動 痛む、～を傷つける　hurt - hurt - hurt

Where does it **hurt**?
どこが痛みますか。

Did I **hurt** her feelings?
彼女を傷つけてしまっただろうか。

□ 0053

lead
[líːd]

動 ～に通じる、～を導く　lead - led - led

All roads **lead** to Rome.
すべての道はローマに**通じる**（＝目的達成の手段はたくさんある）。
This street will **lead** you to the station.
この通りを行けば駅に**出る**でしょう。

□ 0054

meet
[míːt]

動 ～に会う　meet - met - met

We first **met** at our friend's wedding.
私たちは友達の結婚式で初めて**会いました**。
It's nice to **meet** you.
お会いできてうれしいです。

□ 0055

move
[múːv]

動 動く、～を動かす、～を感動させる
名 動き

They **moved** to Hokkaido.
彼らは北海道に**引っ越した**。
Our company **moved** its headquarters to Tokyo.
わが社は本部を東京へ**移転させた**。

□ 0056

read
[ríːd]

動 ～を読む　read - read[réd] - read[réd]

Will you **read** aloud?
声に出して**読んで**もらえますか。
Can you **read** music?
楽譜を**読め**ますか。

□ 0057

write
[ráɪt]

動 手紙を書く、〜を書く
write - wrote - written

I'll **write** to you soon.
すぐに**手紙を書きます**。
He **wrote** this book in a week.
彼は一週間でこの本を**書いた**。

□ 0058

see
[síː]

動 わかる、見える、〜を見る、〜に会う
see - saw - seen

I **see**.
わかりました（＝なるほど）。
It's nice to **see** you again.
また**お会いできて**（＝お目にかかれて）うれしいです。

□ 0059

watch
[wάːtʃ]

動 気をつける、〜を注意してみる
名 腕時計、見張り

Watch out!
気をつけて（＝危ない）！
Watch your step.
足元に**注意して**。

□ 0060

sell
[sél]

動 売れる、〜を売る　sell - sold - sold

His latest book is **selling** well.
彼の最新作はよく**売れている**。
His job is **selling** cars.
彼の仕事は車の**販売**です。

□ 0061

speak

[spíːk]

動 (〜を) 話す　speak - spoke - spoken

Can you **speak** more slowly?
もっとゆっくり**話してくれる**?
Do you **speak** Japanese?
日本語を**話します**か。

□ 0062

talk

[tɔ́ːk]

動 (〜を) 言う、(〜を) 話す
名 話、講演

What are you **talking** about?
何のことを**言っている**のですか。
Don't **talk** nonsense.
バカなことを**言うな**。

□ 0063

do

[dúː]

動 〜をする、役に立つ　do - did - done

Either will **do**.
どちらでも**役立ちます**。→どちらでも構いません。
I'll **do** the shopping in the morning.
午前中に買い物を**する**よ。

□ 0064

pay

[péɪ]

動 割に合う、〜を支払う　pay - paid – paid
名 給料

His company **pays** well.
彼の会社は**支払い**がいい（=給料が良い）。
She **paid** 500 dollars for the ring.
彼女はその指輪に500ドル**支払った**。

□0065

run
[rʌ́n]

動 走る、～を経営する
run - ran - run

He **ran** away when he saw a police officer.
彼は警官を見ると逃げ出した。

My parents **run** a restaurant in Tokyo.
私の両親は東京でレストランを経営している。

□0066

stand
[stǽnd]

動 立つ、～に耐える
stand - stood - stood
名 スタンド、屋台

Everyone, **stand** up for the national anthem.
みなさん、国歌のためご起立ください。

I can't **stand** this heat anymore.
この暑さにもう耐えることができない (=耐えられない)。

□0067

stop
[stɑ́:p]

動 止まる、～をやめる
名 止まること、停留所

This train doesn't **stop** at Sengendai Station.
この電車はせんげん台駅には止まりません。

It **stopped** raining this morning.
今朝、雨がやんだ。

□0068

walk
[wɔ́:k]

動 歩く、～を散歩させる
名 散歩

I **walk** to school every day.
毎日、歩いて通学します。

I **walk** my dog every morning.
毎朝、犬の散歩をします。

□ 0069

check

[tʃék]

動 （〜を）調べる、（〜を）確かめる
名 検査、伝票

I'll **check**.
調べてみます。
Did you **check** your e-mail?
メールを**チェック**しましたか。

□ 0070

count

[káunt]

動 重要である、（〜を）数える
名 数えること

Your effort **counts**.
努力することが**大事**です。
I **count** calories when I eat.
私は食べるときはカロリー**計算**をします。

□ 0071

match

[mætʃ]

動 一致する、（〜に）合う
名 試合、競争相手

Your socks don't **match**.
あなたの靴下、**そろってない**です（＝別々の靴下を履いていますよ）。
This tie **matches** your suit.
このネクタイはあなたのスーツに**合っています**。

□ 0072

reach

[ríːtʃ]

動 手を伸ばす、〜に到着する
名 届く距離、広がり

He **reached** for a cigarette.
彼はタバコに**手を伸ばした**。
What time did you **reach** the airport?
何時に空港に**到着しました**か。

□ 0073

hang
[hǽŋ]

動 掛かっている、〜を掛ける
hang - hung - hung

A picture is **hanging** on the wall.
絵が壁に**掛かっている**。
She **hung** the picture on the wall.
彼女はその絵を壁に**掛けた**。

□ 0074

blow
[blóu]

動 (風が) 吹く、〜を吹く
blow - blew - blown
名 ひと吹き

It is **blowing** hard outside.
外は風が強く**吹いている**。
My daughter likes **blowing** bubbles.
娘はシャボン玉を**吹く**のが好きです。

□ 0075

land
[lǽnd]

動 着陸する、〜を着陸させる
名 陸、土地

We **landed** in London after dark.
私たちは暗くなってからロンドンに**着陸した**。
The pilot **landed** the plane safely.
パイロットは無事に飛行機を**着陸させた**。

□ 0076

search
[sə́ːrtʃ]

動 捜す、〜を捜索する
名 捜査、調査

The police are **searching** for the missing boy.
警察は行方不明の少年を**捜している**。
The police **searched** the house.
警察は家宅捜索をした。

□ 0077

succeed
[səksíːd]

動 成功する、～を継ぐ

The party **succeeded** in reaching the summit.
一隊は山頂の到達に**成功した**。
Who will **succeed** him?
誰が彼の後を**継ぎますか**。

□ 0078

split
[splít]

動 分かれる、～を分ける
split - split - split

The party **split** into two groups.
一隊は2グループに**分かれた**。
Let's **split** the bill.
勘定を**分けよう**（＝割り勘にしよう）。

□ 0079

attend
[əténd]

動 注意して聞く、世話をする (to)、～に出席
する

Attend to the customers.
お客様に**対応してください**。
I can't **attend** the meeting.
ミーティングに**出席**できません。

□ 0080

settle
[sétl]

動 落ち着く、～を解決する

Let's **settle** down to work.
仕事に**取り組みましょう**。
She **settled** the problem easily.
彼女は簡単にその問題を**解決した**。

□ 0081

transfer

動 [trænsfə́ːr] 名 [trǽnsfəːr]

動 移る、～を移す、～を送る
名 移動

Transfer from the train to a bus.
列車からバスに**乗り換えて**ください。

I'll **transfer** one million yen to your account.
あなたの口座に100万円**送金します**。

□ 0082

weigh

[wéɪ]

動 重さが～ある、(重さを) 量る

How much does this **weigh**?
これはどれくらいの**重さ**ですか。

I **weigh** myself on the scale every morning.
私は毎朝、はかりで体重を**量ります**。

This is delicious.
これは美味しいです。

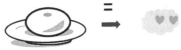

be 動詞は前後にあるものをイコールの関係に結び
つける働きをしますが、be 動詞の代わりに様々な動
詞も使われます。これらの動詞の直後には形容詞が続
くことが多く、たとえば「これは美味しいです（**This is
delicious.**）」の is を、次のような他の動詞に変えて、
表現の幅を広げることができます。

> **look ~** （形容詞）「〜のように見える」
> **taste ~** （形容詞）「〜の味がする」
> **smell ~** （形容詞）「〜のにおいがする」

（a）**This looks delicious.**
これは美味しそうに見える。

（b）**This tastes delicious.**
これは美味しい味がする。

（c）**This smells delicious.**

これは美味しいにおいがする。

　また、「〜になる」という意味の動詞を7つ取り上げ、それぞれの違いをイラストで理解しましょう。

（1）**The world is becoming small.**

世界は狭くなってきた。

（永続的な状態になることを暗示）

（2）**He fell asleep on the train.**

彼は列車で寝てしまった。

（突然ある状態になることを暗示）

（3）**His dream came true.**
彼の夢は実現した。
（元の状態や好ましい状態になることを暗示）

（4）**All the eggs went bad.**
卵は全部腐ってしまった。
（悪い状態になることを暗示）

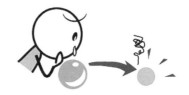

（5）**I'm getting nervous.**
緊張してきた。
（ある状態になり始めることに焦点）

(6) **The traffic light turned red.**

　　信号が赤になった。

　　（まったく異なった状態になることを暗示）

(7) **My hair is growing thin.**

　　私の髪の毛が薄くなってきた。

　　（時間をかけて徐々にある状態になることを暗示）

　形容詞（**good**）の後に特定の前置詞が続くこともあり、下記の（8）の **be good at ~** のように、熟語として覚える必要があるものもあります。また、（9）のように **be** 動詞の直後に「前置詞句（前置詞＋名詞）」が続くこともあります。

(8) **She is good at playing the piano.**

　　彼女はピアノの演奏が得意です。

(9) **This isn't to my taste.**

　　これは私の好みではありません。

動詞

□ 0083

become
[bɪkʌ́m]

動 ～になる
become - became - become

The world is **becoming** small.
世界は狭くなってきた。

□ 0084

feel
[fiːl]

動 ～の手触りがする、～に感じる
feel - felt - felt

This **feels** very soft.
これはとても柔らかい**手触りがする**。

□ 0085

look
[lúk]

動 ～のように見える、見る
名 見ること

That dress **looks** nice on you.
そのドレス、あなたに**似合っている**。

□ 0086

sound
[sáund]

動 ～に聞こえる
名 音

That **sounds** interesting.
それは面白そう。

□ 0087

seem
[síːm]

動 ～に見える、～に思える

He **seems** busy.
彼は忙しそうです。

□ 0088

taste
[téɪst]

動 ～の味がする
名 味、好み

This **tastes** so sweet.
これはとても甘い味がする。

☐ 0089

smell
[smél]

動 ～のにおいがする
名 におい

It **smells** so sweet.
それはとても甘い**においがする**。

☐ 0090

fall
[fɔ́ːl]

動 落ちる、倒れる、～になる
　　fall - fell - fallen
名 落下、転倒

I **fell** ill with the flu.
インフルエンザで具合が悪く**なった**。

☐ 0091

come
[kʌ́m]

動 来る、～になる　come - came - come

Everything will **come** out right.
万事うまく**行く**でしょう。

☐ 0092

remain
[rɪméɪn]

動 ～のままでいる、とどまる

Please **remain** seated.
座った**ままでいて**ください。

☐ 0093

turn
[tə́ːrn]

動 回る、向ける、～になる
名 順番、変化

The leaves are **turning** yellow.
葉が紅葉している。

□ 0094

go
[góu]

動 ～になる、行く　go - went - gone

The milk **went** sour.
牛乳が酸っぱくなった。
Let's **go** fishing in the river.
川へ釣りに**行こう**。

□ 0095

stay
[stéɪ]

動 ～のままでいる、滞在する、とどまる
名 滞在

This shop **stays** open till late.
この店は遅くまで開いている。
Where did you **stay** last night?
昨夜はどこに**泊まりましたか**。

形容詞(主にbe動詞以外の動詞と一緒に使う)

□ 0096

lonely
[lóunli]

形 寂しい

I feel **lonely** without you.
あなたがいないと寂しい。

□ 0097

cute
[kjú:t]

形 かわいい

Doesn't she look **cute** in this photo?
この写真の彼女、かわいく見えない?

□ 0098

delicious
[dɪlíʃəs]

形 とても美味しい

This cake looks **delicious**.
このケーキはとても美味しそう。

□ 0099

awful
[ɔ́:fl]

形 ひどい

The fruit tastes **awful**.
そのフルーツの味はひどい。

□ 0100

fat
[fæt]

形 太った

Do I look **fat** in this dress?
このドレス、太って見える?

□ 0101

fit
[fít]

形 健康な、ぴったりの
動 (大きさ・形が人)に合う

How do you keep **fit**?
どのように健康を維持していますか。

□ 0102

ill
[íl]

形 具合が悪い、病気の

I'm feeling **ill** today.
今日は具合が悪いです。

□ 0103

quiet
[kwáɪət]

形 静かな、大人しい

Keep **quiet** during the presentation.
プレゼンの間は静かにしていてください。

□ 0104

moist
[mɔ́ɪst]

形 しっとりした、湿った

This bread feels soft and **moist**.
このパンは柔らかくてしっとりしている。

□ 0105

rough
[rʌ́f]

形 ざらざらした、大まかな、粗野な

This cloth feels **rough**.
この布はざらざらします。

□ 0106

mild
[máɪld]

形 温暖な、穏やかな、まろやかな

It seems quite **mild** for January.
1月にしてはかなり温暖のようです。

□ 0107

flat
[flǽt]

形 平らな

The front tire went **flat**.
前輪がぺったんこになった (=パンクした)。

□ 0108

fair
[féər]

形 公正な、公平な

It doesn't seem **fair**.
それは**公平**ではないようだ。

□ 0109

cheap
[tʃíːp]

形 安い、安っぽい

This sweater looks **cheap**.
このセーターは**安っぽく**見える。

□ 0110

blind
[bláɪnd]

形 目の見えない

He went **blind** at 40.
彼は40歳で**目が見えなく**なった。

□ 0111

chilly
[tʃíli]

形 寒気がする、ひんやりした

I feel a little **chilly**.
ちょっと**寒気**がします。

□ 0112

calm
[káːm]

形 冷静な、穏やかな
動 落ち着く　名 静けさ

He kept **calm** when he heard the news.
彼はその知らせを聞いたとき、**平静**を保っていた。

□ 0113

still
[stíl]

形 静かな、じっとして
副 まだ

Keep **still** while I take your picture.
写真を撮る間**じっとして**いて。

第1章　5文型で覚える英単語

第2章　名詞中心構文で覚える英単語

第3章　動詞中心構文で覚える英単語

第4章　形容詞中心構文で覚える英単語

第5章　副詞中心構文で覚える英単語

blank

[blǽŋk]

形 白紙の、無表情な
名 空欄

His mind went **blank**.
彼の頭は真っ白になった。

huge

[hjúːdʒ]

形 巨大な

The moon looks **huge** tonight.
今夜の月は巨大に見える。

awake

[əwéɪk]

形 目が覚めて

I'll stay **awake** until you come back.
あなたが戻るまで起きています。

silent

[sáɪlənt]

形 無言の、静かな

He kept **silent** during the meeting.
彼は会議の間、黙っていた。

asleep

[əslíːp]

形 眠って

I fell **asleep** on the sofa.
ソファで眠ってしまった。

active

[ǽktɪv]

形 活動的な

The volcano became **active** ten years ago.
その火山は10年前に活動し始めた。

□ 0120

positive
[pɑ́:zətɪv]

形 前向きな、肯定的な、陽性の

Let's stay **positive**.
前向きでいよう。

□ 0121

negative
[négətɪv]

形 陰性の、消極的な

He tested **negative** for that disease.
彼はその病気の検査で陰性だった。

□ 0122

violent
[váɪələnt]

形 暴力的な

Crime is getting more **violent**.
犯罪はますます暴力的になってきた。

□ 0123

charming
[tʃɑ́:rmɪŋ]

形 魅力的な

She still stays young and **charming**.
彼女はまだ若くて魅力的です。

□ 0124

delicate
[délɪkət]

形 壊れやすい、微妙な

The china looks **delicate**.
その陶器は壊れやすそうです。

□ 0125

excellent
[éksələnt]

形 優れた、素晴らしい

I feel **excellent** today.
今日の気分は最高です。

□0126

extinct

[ɪkstíŋkt]

形 絶滅した、消滅した

Dinosaurs became **extinct** a long time ago.
恐竜は大昔に**絶滅した**。

□0127

occupied

[áːkjəpàɪd]

形 使用中の

The meeting room seems **occupied**.
会議室は**使用中の**ようです。

□0128

mature

[mətʃúər]

形 大人びた、成熟した

You look **mature** in that dress.
そのドレスを着ると**大人っぽく**見えます。

□0129

intelligent

[ɪntélɪdʒənt]

形 知能の高い

The dolphin is an **intelligent** animal.
イルカは**知能の高い**動物です。

□0130

pregnant

[prégnənt]

形 妊娠した

My wife became **pregnant** last month.
妻は先月**妊娠した**。

□0131

stressful

[strésfl]

形 ストレスの多い

My job is getting more **stressful**.
私の仕事はますます**ストレスが多く**なってきた。

□ 0132

ordinary
[ɔ́ːrdənèri]

形 いつもの、普通の、平凡な

Everything seemed **ordinary** that morning.
その日の朝はすべて**いつもと変わらない**ように見えた。

□ 0133

executive
[ɪgzékjətɪv]

形 重役の
名 重役、経営責任者

He became the Chief **Executive** Officer of the bank.
彼はその銀行の最高**経営責任者**になった。

□ 0134

global
[glóubl]

形 世界的な

Anime is becoming **global**.
アニメは**世界的な**ものになりつつある。

□ 0135

independent
[ìndɪpéndənt]

形 独立した

The country became **independent** in 1971.
その国は1971年に**独立**した。

□ 0136

neutral
[njúːtrəl]

形 中立の

The country remained **neutral** during the war.
その国は戦争中、**中立**を保った。

□ 0137

normal
[nɔ́ːrml]

形 正常な、標準の

Everything looks **normal.**
すべて**正常の**ようです。

形容詞(主にbe動詞と一緒に使う) (◀))TRACK **06**

□ 0138

late

[léɪt]

形 遅れた、遅い

He was **late** for the meeting.
彼は会議に遅刻した。

□ 0139

short

[ʃɔ́ːrt]

形 不足した、短い

They are **short** of water.
彼らには水が**不足している**。

□ 0140

rich

[rítʃ]

形 豊かな、お金持ちの

Australia is **rich** in natural resources.
オーストラリアは天然資源が**豊富です**。

□ 0141

free

[fríː]

形 自由な

Feel **free** to eat anything you like.
好きなものは何でも**ご自由に**お食べください。

□ 0142

shy

[ʃáɪ]

形 人見知りな、内気な、臆病な

He's **shy** of people.
彼は**人見知りをする**。

□ 0143

proud

[práud]

形 誇りを持っている、自慢している

He must be **proud** of his son.
彼は息子を**誇りに思っている**に違いない。

□ 0144

mad

[mǽd]

形 怒っている

Why are you getting **mad** at me?
なぜ私に**怒っている**のですか。

□ 0145

afraid

[əfréɪd]

形 恐れている

Don't be **afraid** of making mistakes.
間違いをするのを**恐れて**はいけない。

□ 0146

jealous

[dʒéləs]

形 ねたんでいる

He was **jealous** of my success.
彼は私の成功を**ねたんで**いた。

□ 0147

sensitive

[sénsətɪv]

形 敏感な、感受性の強い

My skin is **sensitive** to wool.
私の皮膚は羊毛には**敏感**です。

□ 0148

grateful

[gréɪtfl]

形 感謝している

I'm **grateful** to my friends.
私は友達に**感謝しています**。

□ 0149

aware

[əwéər]

形 気づいている

She became **aware** of the danger.
彼女はその危険に**気づいた**。

□ 0150	
crowded [kráudɪd]	形 混雑している

The train was **crowded** with tourists.
列車は観光客で**混雑していた**。

□ 0151	
unique [ju(:)níːk]	形 独特な、唯一の

This custom is **unique** to Australia.
この習慣はオーストラリア**独特の**ものです。

□ 0152	
similar [símələr]	形 似ている

Your opinion is **similar** to mine.
あなたの意見は私の意見に**似ている**。

□ 0153	
different [dífərnt]	形 違った、異なっている

Your opinion seems **different** from mine.
あなたの意見は私の意見とは**違う**ようです。

□ 0154	
popular [pá:pjələr]	形 人気のある

The book is **popular** with kids.
その本は子供たちに**人気がある**。

□ 0155	
friendly [fréndli]	形 友好的な、親切な

The Spanish people are **friendly** to visitors.
スペイン人は観光客に**友好的**です。

☐ 0156

familiar

[fəmíljər]

形 詳しい、熟知している、よく知られている

I'm not **familiar** with computers.
私はコンピュータには**詳しくない**。

☐ 0157

senior

[síːnjər]

形 目上の、年長の
名 年長者

He is **senior** to me at the office.
彼は会社では私の**上司**です。

☐ 0158

patient

[péɪʃənt]

形 忍耐強い、根気強い
名 患者

She is **patient** with children.
彼女は子供には**忍耐強い**。

☐ 0159

superior

[su(ː)píəriər]

形 優れた

His idea is **superior** to mine.
彼の案は私の案より**優れている**。

☐ 0160

responsible

[rɪspɑːnsəbl]

形 責任のある

I am **responsible** for the accident.
その事故は私に**責任があります**。

☐ 0161

particular

[pərtíkjələr]

形 好みがうるさい、特定の
名 詳細

She is **particular** about her dress.
彼女は着るものについては**うるさい**。

□ 0162

lacking
[lǽkɪŋ]

形 不足している

He is **lacking** in experience.
彼は経験**不足**だ。

□ 0163

abundant
[əbʌ́ndənt]

形 豊富にある

Fish are **abundant** in this pond.
この池には魚が**たくさんいる**。

□ 0164

confident
[kɑ́:nfədənt]

形 確信している、自信がある

I feel **confident** of his success.
彼の成功を**確信**しています。

□ 0165

conscious
[kɑ́:nʃəs]

形 意識している

She became **conscious** of her beauty.
彼女は自分の美しさを**意識する**ようになった。

□ 0166

allergic
[ələ́:rdʒɪk]

形 アレルギーがある、アレルギーの

My son is **allergic** to cat hair.
息子はネコの毛に**アレルギーがある**。

□ 0167

enthusiastic
[ɪnθjù:ziǽstɪk]

形 熱狂している、熱狂的な

She is **enthusiastic** about golf.
彼女はゴルフに**熱狂している**。

□ 0168

invisible

[ɪnvízəbl]

形 目に見えない

Bacteria is **invisible** to the eye.
細菌は肉眼では見えない。

□ 0169

punctual

[pʌ́ŋktʃuəl]

形 時間を守る

She's always **punctual** for appointments.
彼女はいつも約束の時間を守る。

□ 0170

related

[rɪléɪtɪd]

形 親戚の、関連のある

He's **related** to the mayor of this city.
彼はこの市の市長と親類関係にある。

□ 0171

intensive

[ɪnténsɪv]

形 (短期)集中的な

He is in the **intensive** care unit.
彼はICU (集中治療室) にいる。

□ 0172

dependent

[dɪpéndənt]

形 頼っている、次第である

He is still **dependent** on his parents.
彼はいまだに両親に頼っている。

名詞

☐ 0173

company
[kámpəni]

名 会社、同席、仲間

The **company** went bankrupt.
その**会社**は倒産した。

☐ 0174

weekday
[wí:kdèi]

名 平日

This shop stays open until midnight on **weekdays**.
この店は**平日**の夜中12時まで開いている。

☐ 0175

project
名 [prá:dʒekt] 動 [prədʒékt]

名 計画、事業計画
動 ～を計画する、～を映写する

The **project** went wrong.
その**計画**は失敗した。

☐ 0176

management
[mǽnɪdʒmənt]

名 管理、経営者側

The company is under new **management**.
その会社は新しい**管理**体制のもとにある。

☐ 0177

attitude
[ǽtətjùːd]

名 姿勢、態度

His **attitude** always seems negative.
彼の**姿勢**はいつも否定的です。

☐ 0178

stock
[stáːk]

名 在庫

It's out of **stock**.
それは**在庫**切れです。

□ 0179

condition
[kəndíʃən]

名 状態、条件

He is in serious **condition**.
彼は深刻な**状態** (=重篤) です。

□ 0180

president
[prézədənt]

名 学長、大統領、社長、会長

She became the **president** of a university.
彼女は大学の**学長**になった。

□ 0181

board
[bɔ́:rd]

名 重役会、委員会、板
動 乗り込む

She is on the **board** of directors.
彼女は**重役**です。

□ 0182

bottom
[bá:təm]

名 最下位、底

Our team is at the **bottom** of the league.
私たちのチームはリーグで**最下位**です。

□ 0183

control
[kəntróul]

名 制御、支配
動 ~を制御する、~を支配する

Everything is under **control**.
すべてが**制御**下にある (=万事順調だ)。

□ 0184

security
[sɪkjúərəti]

名 警備、保証、治安

Airline **security** is getting tighter.
航空会社の**警備**はますます厳しくなってきた。

□ 0185

issue

[íʃuː]

名 問題、発行
動 発行する

The aging population is becoming a social **issue**.
人口高齢化は社会問題になってきた。

□ 0186

historian

[hɪstɔ́ːriən]

名 歴史家

He became a **historian**.
彼は歴史家になった。

□ 0187

mystery

[místri]

名 謎、神秘

His death remains a **mystery**.
彼の死は謎のままだ。

□ 0188

perfume

[pɔ́ːrfjuːm]

名 香水

What does the **perfume** smell like?
その香水はどんな匂いですか。

□ 0189

profile

[próufaɪl]

名 横顔、紹介

She looks like her mother in **profile**.
彼女は横顔が母親に似ている。

□ 0190

skin

[skín]

名 肌、皮膚

A baby's **skin** feels soft and smooth.
赤ちゃんの肌は柔らかくすべすべしている。

□ 0191

spirit

[spírət]

名 精神、気分、魂

She is in high **spirits** today.
今日の彼女は**気分**(=機嫌)がいい。

□ 0192

shape

[ʃéɪp]

名 形、体調

I'm out of **shape**.
私は**体形**が崩れています(=運動不足です)。

□ 0193

victim

[víktɪm]

名 犠牲

He fell **victim** to his own ambition.
彼は自分の野望の**犠牲**になった。

□ 0194

photograph

[fóutəgræf]

名 写真(=photo)

You look younger in this **photograph**.
この**写真**のあなたは若く見えます。

□ 0195

middle

[mídl]

名 最中、中間

I'm in the **middle** of a meeting.
私は今、会議の**最中**です。

□ 0196

swing

[swíŋ]

名 (パーティーなどが)盛り上がる、揺れること
動 揺れ動く、~を動かす

The party is in full **swing**.
パーティーが最高に**盛り上がっています**(=最高潮です)。

□ 0197

fashion
[fǽʃən]

名 流行、やり方

This dress is out of **fashion**.
このドレスは**流行**遅れです。

□ 0198

soil
[sɔ́ɪl]

名 土壌、土地

The **soil** must be moist.
土壌は湿っていなければならない。

□ 0199

landscape
[lǽndskèɪp]

名 景色、風景

The **landscape** looks so beautiful.
その**景色**はとても美しいです。

□ 0200

valley
[vǽli]

名 谷

The **valley** lies deep in the woods.
その**谷**は森の奥深い所にある。

□ 0201

bloom
[blú:m]

名 花盛り、花
動 開花する

The cherry blossoms are in full **bloom**.
サクラの花が**花盛りです**(=満開です)。

基本単語だからといって、バカにしないことの重要性

　大半の英語学習者の方々は、見出し語にgoやcomeなど、小学生でも知っているような基本単語が入っている単語集を敬遠しがちです。

　「そんな簡単な単語、今さら学び直さなくても……」という意識が働いているからですが、実はその考えを改めない限り、英語を話す力は絶対につきません。

　たとえば、日本語の「会う」に相当する英語の動詞にseeとmeetがあることは、みなさんもご存知でしょう。

　では、みなさんは、ネイティブが初対面の相手には「It's nice to meet you.」と言い、その相手と2回目以降に会ったときには「It's nice to see you again.」のように、きちんと使い分けていることをご存知でしょうか。

　あるいは、誰かに「こっちに来てくれない?」と言われて、「今行きます」という意味のつもりで「I'm going.」と言ったりしていませんか。正解は「I'm coming.」です。

　このような基本単語を使い分けていくことで、英会話力は徐々に上達していくのです。

　本書は、会話力の向上を目標としているテキストなので、これらの基本単語も当然ながら、見出し語に含めています。基本単語だからといって、バカにしないでしっかり学び直しましょう。

　他動詞のなかには目的語を 2 つとる動詞があり、大きく 2 つのグループに分けることができます。1 つは **give**、もう 1 つは **make** のグループです。

（1）**I'll give you a sandwich.**
　　　あなたにサンドイッチをあげましょう。

（2）**I'll make you a sandwich.**
　　　あなたにサンドイッチをつくってあげましょう。

　上の 2 つの文はそれぞれ前置詞を使って、次のように言い換えることができます。

（3）**I'll give a sandwich to you.**

（4）**I'll make a sandwich for you.**

　両者の基本的な違いは、**to you** と **for you** を省いたときに、それでもきちんとした内容を伝える文になっているかどうかという点にあります。つまり、**I'll make**

a sandwich. は「私はサンドイッチをつくります」とい
う意味で、誰のためにつくるのかを明言する必要がない
のに対し、I'll give a sandwich. は「サンドイッチをあ
げます」だけでは、誰にあげるかを明言しないと意味を
成さないという違いです。要するに、自分のためにする
ことができる意味の動詞の場合は前置詞の for、そうで
ない場合は to を使うというわけです。

〈前置詞 to を取る動詞〉
give（与える）、sell（売る）、write（手紙を書く）、
lend（貸す）、send（送る）、show（見せる）、pass（渡
す）、hand（手渡す）、throw（投げる）、tell（言う）、
teach（教える）、owe（借りる）など

〈前置詞 for を取る動詞〉
make（つくる）、choose（選ぶ）、buy（買う）、fix（用
意する）、bake（焼く）、order（注文する）、save（取
っておく）、draw（描く）など

　bring（持って来る）は、自分のために持って来るこ
ともできるので、to と for の両方を使うことができます。

Can you bring this flower to ／ for Kate?
　　この花をケイトのところに持ってきてくれますか。

動詞

☐ 0202

buy
[báɪ]

動 ～におごる、～を買う
buy - bought - bought

I'll **buy** you lunch.
ランチを**おごります**。

☐ 0203

bring
[bríŋ]

動 ～を持って来る、～を連れて来る
bring - brought - brought

Please **bring** me a beer from the fridge.
冷蔵庫からビールを一本**持って来て**ください。

☐ 0204

lend
[lénd]

動 ～を貸す　lend - lent - lent

Please **lend** me some money.
私にお金を**貸して**ください。

☐ 0205

send
[sénd]

動 ～を送る　send - sent - sent

I'll **send** you an email later.
後でメールを**送ります**。

☐ 0206

show
[ʃóu]

動 ～を見せる、～を案内する
名 見せ物、番組

Show me your camera, please.
あなたのカメラを**見せて**ください。

☐ 0207

pass
[pǽs]

動 ～を取って渡す、通り過ぎる、～に合格する
名 通行証、峠

Pass me the salt, please.
塩を**取って**ください。

□ 0208

fix
[fíks]

動 ～を用意する、～を修理する、決定する

Fix me a sandwich, please.
サンドイッチを用意してください。

□ 0209

bake
[béɪk]

動 (パンやケーキなど) を焼く

Bake me some cookies, please.
私にクッキーを焼いてください。

□ 0210

draw
[drɔ́ː]

動 ～を描く、～を引く
　　draw - drew - drawn
名 くじ引き、引き分け

Draw me a map to the station, please.
私に駅までの地図を描いてください。

□ 0211

order
[ɔ́ːrdər]

動 ～を注文する、～に命令する
名 注文、命令、順番

Order me a hamburger, please.
私にハンバーガーを注文してください。

□ 0212

owe
[óu]

動 ～を借りている、～におかげをこうむる

I **owe** her one million yen.
彼女に100万円借りています。

□ 0213

save
[séɪv]

動 ～を取っておく、～を節約する、～を救う

Save me a seat, please.
席を取っておいてください。

目的語である名詞の状態を表す文型

　動作の対象となる目的語（＝名詞）を必要とする動詞のなかには、その名詞がどんな状態で働きかけるか、あるいは働きかけた結果、どんな状態になったかを示すものがあります。

　たとえば、**He painted the roof.** は「彼は屋根にペンキを塗った」ですが、塗った結果、その屋根が赤くなったことを伝えるなら、**He painted the roof red.** となります。つまり、**He painted the roof.** と **The roof became red.** という 2 つの文を 1 つのかたちで表したことになります。このように、目的語である名詞の状態を示すのが、いわゆる **SVOC** の文型です。

（1）**She kept the door open.**

　　　彼女はドアを開けたままにした。

（2）**She left the door open.**

彼女はドアを開けっぱなしにした。

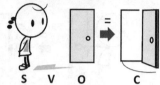

（3）**She held the door open.**

彼女はドアを（手で押さえて）開けたままにした。

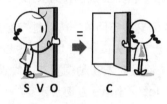

（4）**She kicked the door open.**

彼女はドアを蹴って開けた。

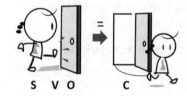

（5）**She pushed the door open.**

彼女はドアを押し開けた。

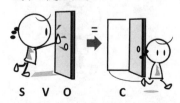

(6) **She pulled the door open.**
彼女はドアを引いて開けた。

S V O   C

目的語の状態を動詞の原形で表す

SVOC の文型で目的語の状態を動詞の原形で表すものがあります。人に「〜させる」「〜してもらう」「〜される」など、使役を表す動詞です。代表的なものとして、**make ／ let ／ have** がありますが、これらは使い分けが必要です。まずは、動詞 **make**（つくる）、**let**（ままにする）、**have**（持つ、所有する）の基本的な意味を例文とイラストでイメージしましょう。

(1) **I'll make a sandwich for lunch.**
ランチにサンドイッチをつくろう。

(2) **Let me alone.**
放っておいて。

（3）**I have two cars.**
　　私は車を 2 台持っています。

　上記の **have**、**let**、**make** が「～させる」という使役の意味になるときは、「**have ／ let ／ make ＋ O**（目的語）**＋ C**（動詞の原形）」の形をとります。基本的な意味は以下のとおりです。

・**have**：お金を払ってサービスを受けるように「当然してもらえること」
・**let**：相手に許可を与える意味で「させてあげること」
・**make**：「強制的にさせること」

（1）**I'll have him go.**
　　彼に行ってもらおう。

（2）**I'll let him go.**
　　彼を行かせよう。

（3）**I'll make him go.**
　　彼を行かせます。

使役動詞の **have** は、「**have** + **O**（目的語）+ **C**（動詞の原形）」の形をとるのが基本ですが、内容によって、**C** の部分が動詞の過去分詞に変化することに注意してください。たとえば、「私は彼にその仕事をやってもらった」を、動詞の原形を使って表せば、次のような英文になります。

（1） **I had him do the job.**

（1）とは別に、目的語を **him** から **the job** に変えて表現することもできます。それが次の文です。

（2） **I had the job done by him.**

つまり、上記 **2** つの文の違いは、次のようになります。

（1） **I had him do the job.**
     O + **C**（原形）→ **O**（彼）が **C**（仕事をする）
（2） **I had the job done by him.**
     O + **C**（過去分詞）　→　**O**（仕事）が **C**（される）

（2）のように、**C** に過去分詞を取る形は、次のように「被害」を表すこともあります。

I had my hat blown off by the wind.
　　私は風で帽子を飛ばされた。

（1）**I had my hair cut short.**

私は髪を短く切ってもらった。

S　　V　　O　　C

（2）**I had my bad tooth pulled out.**

私は虫歯を抜いてもらった。

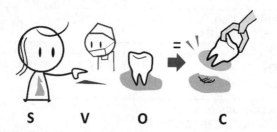

S　　V　　O　　C

（3）**I had my bike stolen.**

私は自転車を盗まれた。

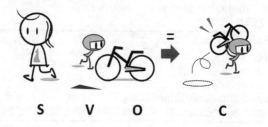

S　　V　　O　　C

第
1
章

5
文型で
覚える英単語

第
2
章

名詞中心構文で
覚える英単語

第
3
章

動詞中心構文で
覚える英単語

第
4
章

形容詞中心構文で
覚える英単語

第
5
章

副詞中心構文で
覚える英単語

動詞

□ 0214

pull
[púl]

動 ～を引く
名 引くこと

Pull the door open.
ドアを**引いて**開けなさい。

□ 0215

paint
[péɪnt]

動 ～を塗る
名 ペンキ、絵具 (paints)

He **painted** the wall in another color.
彼は壁を別の色で**塗った**。

□ 0216

call
[kɔ́ːl]

動 ～を～と呼ぶ、～に電話をする
名 通話、呼び声、要請

Call me Ken.
私をケンと**呼ん**でください。

□ 0217

let
[lét]

動 ～を…させてあげる　let - let - let

Let me alone.
私を一人に**しておいて**ください。

□ 0218

make
[méɪk]

動 ～に…させる、～を作る
　　make - made - made
名 製造元、製作

Don't **make** me angry.
私を怒ら**せ**ないで。

□ 0219

find
[fáɪnd]

動 ～が…だとわかる、～を見つける
　　find - found - found

I **found** the book interesting.
その本が面白い**とわかった**（＝その本を読んでみたら面白かった）。

□ 0220

keep
[kíːp]

動 〜を…に保つ、〜のままである、〜にしておく　keep - kept - kept

Can you **keep** it a secret?
それを秘密に**しておく**ことができますか。

□ 0221

kick
[kík]

動 〜を蹴る
名 蹴ること

Don't **kick** the door shut.
ドアを**蹴って**閉めてはいけません。

□ 0222

leave
[líːv]

動 〜を…のままにする、〜を去る、〜を残す　leave - left - left

Don't **leave** the door open.
ドアを開けっ**ぱなし**にしないで。

□ 0223

hold
[hóuld]

動 〜を抱く、〜を持っている、〜を催す　hold - held - held

Hold me tight.
私をギュッと**抱き**しめて。

□ 0224

elect
[ɪlékt]

動 （投票で）〜を…に選ぶ

The people **elected** him president of the United States.
国民は彼をアメリカ大統領に**選んだ**。

□ 0225

appoint
[əpɔ́ɪnt]

動 〜を…に任命する

We **appointed** her captain of the team.
私たちは彼女をチームの主将に**任命した**。

□ 0226

nominate

[nά:mənèɪt]

動 ～を…に指名する、～を推薦する

The committee **nominated** him chairperson.
委員会は彼を議長に**指名した**。

□ 0227

congratulate

[kəngrǽdʒəlèɪt]

動 ～を祝う

Let me **congratulate** you on your promotion.
あなたの昇進の**お祝い**をさせてください。

□ 0228

explain

[ɪkspléɪn]

動 ～を説明する

Let me **explain** my opinion.
私の意見を**説明**させてください。

□ 0229

introduce

[ìntrədjúːs]

動 ～を…に紹介する、～を導入する

Let me **introduce** you to Mr. Brown.
あなたをブラウン氏に**紹介**させてください。

□ 0230

share

[ʃéər]

動 ～を…と共有する
名 分け前、株

Let me **share** the information with you.
その情報をあなたと**共有**させてください。

□ 0231

confirm

[kənfáːrm]

動 ～を確認する

Let me **confirm** one thing.
一つ**確認**させてください。

□ 0232

inspect

[ɪnspékt]

動 ～を検査する、～を調査する、～を査察する

I had my baggage **inspected** at the airport.
空港で手荷物を**検査**された。

□ 0233

install

[ɪnstɔ́ːl]

動 ～をインストールする、～を取り付ける

I want to have this software **installed**.
このソフトを**インストールして**もらいたい。

□ 0234

alter

[ɔ́ːltər]

動 ～を直す、～を変える

I had my suit **altered**.
スーツを**直して**もらった。

□ 0235

correct

[kərékt]

動 ～を直す、～を修正する
形 正しい、正確な

I had my English **corrected** by Mr. Smith.
私はスミス先生に英語を**直して**もらった。

□ 0236

deliver

[dɪlívər]

動 ～を配達する

I'd like to have this **delivered** to my hotel.
これをホテルまで**配達して**ほしいのですが。

□ 0237

dye

[dáɪ]

動 ～を染める

He had his hair **dyed** black.
彼は髪の毛を黒く**染めて**もらった。

□ 0238

plant
[plǽnt]

動 〜を植える
名 植物

I'll have the gardener **plant** some trees.
庭師に木を数本植えてもらおう。

□ 0239

steal
[stíːl]

動 〜を盗む　steal - stole - stolen

I had my bike **stolen**.
自転車を盗まれた。

□ 0240

repair
[rɪpéər]

動 〜を修理する
名 修理

I have to have my car **repaired**.
車を修理してもらわなければいけない。

名詞

□ 0241

vegetable
[védʒtəbl]

名 野菜

What do you call this **vegetable** in English?
この**野菜**を英語で何と言いますか。

□ 0242

wallet
[wá:lət]

名 財布、札入れ

I had my **wallet** stolen on the train.
私は列車で**財布**を盗まれた。

□ 0243

secret
[sí:krət]

名 秘密

Please keep it a **secret**.
それは**秘密**にしておいてください。

□ 0244

fur
[fə́:r]

名 毛皮

The **fur** will keep you warm.
その**毛皮**を着れば温まるでしょう。

□ 0245

lid
[líd]

名 ふた

Don't leave the **lid** open.
ふたを開けたままにしないで。

□ 0246

medicine
[médəsn]

名 薬、医学

This **medicine** will make you feel better.
この**薬**を飲めば具合いがよくなるでしょう。

□ 0247

rule

[rúːl]

名 決まり、規則

I make it a **rule** to go to bed early.
早く寝るのを**決まり**にしている。

□ 0248

thief

[θíːf]

名 泥棒

She had her pocket picked by a **thief**.
彼女は**泥棒**にすられた。

□ 0249

carpenter

[káːrpəntər]

名 大工

The **carpenter** painted the wall white.
その**大工**さんは壁を白く塗った。

□ 0250

career

[kəríər]

名 職業、経歴

What made you decide on a **career** as an engineer?
技師としての**職業**を選んだのはどうしてですか。

□ 0251

affair

[əféər]

名 事件、事情

That **affair** made him famous.
その**事件**で彼は有名になった。

□ 0252

belongings

[bɪlɔ́(ː)ŋɪŋz]

名 持ち物、身の回り品

Did you have your personal **belongings** insured?
自分の**持ち物**に保険をかけてありましたか。

□ 0253

atmosphere

[ǽtməsfìər]

名 雰囲気

I found the **atmosphere** very comfortable.
雰囲気は快適だった。

□ 0254

circumstance

[sɔ́ːrkəmstæns]

名 状況、事情

Let me know the **circumstances**.
状況を教えてください。

□ 0255

content

[ká:ntent]

名 内容、中身

You should keep the **contents** of the letter a secret.
手紙の**内容**を秘密にした方がいいでしょう。

□ 0256

envelope

[énvəlòup]

名 封筒

She cut the **envelope** open.
彼女はその**封筒**を切って開けた。

□ 0257

expense

[ɪkspéns]

名 費用、経費

Let me see your travel **expense** report.
旅行**費用**(=旅費)の報告書を見せてください。

□ 0258

household

[háushòuld]

名 家族、世帯
形 家事の、家庭の

Let me help you do the **household** chores.
家の雑用(=家事)のお手伝いをさせてください。

□ 0259

opinion

[əpínjən]

名 意見

Let me hear your **opinion**.
あなたの**意見**を聞かせてください。

□ 0260

portrait

[pɔ́:rtrət]

名 肖像画

I had a famous artist paint my **portrait**.
ある有名な画家に**肖像画**を描いてもらった。

□ 0261

satellite

[sǽtəlàɪt]

名 衛星

Gravity makes **satellites** move around the earth.
衛星は重力で地球の周りをまわっている。

□ 0262

technology

[teknɑ́:lədʒi]

名 科学技術

Modern **technology** has made our lives comfortable.
現代の**科学技術**で私たちの生活は快適になった。

□ 0263

utility

[ju:tíləti]

名 公共設備、公共料金

Some people find it hard to pay public **utilities**.
公共料金の支払いが困難な人もいる。

形容詞

□ 0264

alone
[əlóun]

形 一人の、孤独な
副 一人で、孤独で

Leave me **alone**.
私を一人にしておいてください。

□ 0265

boring
[bɔ́:rɪŋ]

形 つまらない、退屈な

I found the book **boring**.
その本は読んでみたらつまらなかった。

□ 0266

closed
[klóuzd]

形 閉じて

Keep your eyes **closed**.
目を閉じたままにしてください。

□ 0267

empty
[émpti]

形 空の

He opened the box, but found it **empty**.
彼はその箱を開けたが空っぽだった。

□ 0268

neat
[ní:t]

形 きちんとした

Always keep your room **neat** and tidy.
常に部屋をきちんと整頓しておくように。

□ 0269

private
[práɪvət]

形 秘密の、個人の

Can you keep the information **private**?
その情報は秘密にできますか。

□ 0270

tasty
[téɪsti]

形 美味しい、風味のきいた

A little salt will make it **tasty.**
ちょっと塩を加えると美味しくなります。

□ 0271

refreshing
[rɪfréʃɪŋ]

形 爽やかな、清々しい

I find cold showers **refreshing.**
冷たいシャワーは爽やかです。

□ 0272

thrilling
[θrílɪŋ]

形 わくわくする

I found his latest novel very **thrilling.**
彼の最新の小説は、読んだらとてもわくわくする話だった。

□ 0273

comfortable
[kʌ́mftəbl]

形 快適な

Please make yourself **comfortable.**
ゆっくりくつろいでください。

□ 0274

concrete
[ká:nkri:t]

形 具体的な

Please make your plan more **concrete.**
計画をもっと具体的なものにしてください。

語源に注目すれば
どんな単語もスイスイ頭に入る

　英単語は分解してみると、漢字とよく似ています。たとえば、私の苗字「清水」が「清」と「水」で成り立っているように、英単語も2つの意味を持つ言葉が多いのです。

　たとえば、空港を表す英単語「airport」は、空気や空を表す「air」と港を表す「port」を合わせてできた単語です。

　私は長く高校で英語を教えてきました。大学受験では多くの単語を覚えねばならず、英語を嫌いになってしまった生徒をたくさん見てきました。そこで注目したのが単語の成り立ちです。この成り立ちに注目すると、英単語の共通点が見えてきて、芋づる式に覚えることができるようになります。

　たとえば、先ほどの「airport」のように「air」がつく英単語はたくさんあります。「airplane（飛行機）」なら、「air」と「plane（水平の板）」の組み合わせです。ほかにも「airmail（航空便）」や「airline（航空会社）」などもあります。「port」なら、「passport（港を通過する＝旅券）」「porter（ホテルで荷物を運ぶ人）」という言葉もあります。

　多くの単語は、語頭につく接頭辞、中核にある語根、末尾につく接尾辞の3つのパートで構成されています。本書に収録した単語も、それぞれのパートの言葉の意味を知り、関連づけることを知れば、ゲームのキャラクターを覚えるように覚えるのが楽しくなります。

　語源学習については、小著『英単語の語源図鑑』（かんき出版）をぜひご参照ください。

SVOC の C の部分に動詞の
原形・現在分詞・過去分詞がくるもの

　使役動詞は **SVOC** の文型の場合、目的語の状態を表す **C** の部分を動詞の原形で表します。これと同様に、「見る」「聞く」「感じる」などの意味を表す知覚動詞にも同じような用法があります。

　知覚動詞の場合、動詞の原形のほかに、現在分詞（**~ing**）や過去分詞のかたちになることがあります。動詞の原形や現在分詞の場合は「**O** が **C** する」という関係が成立し、過去分詞の場合は「**O** が **C** される」という関係が成立します。

（1）**I saw a cat walk across the road.**
　　ネコが通りを歩いて渡るのを見た。

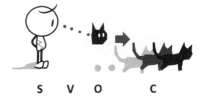

S　　　V　　O　　　　C

（2）**I saw a cat walking across the road.**
　　ネコが通りを歩いて渡っているのを見た。

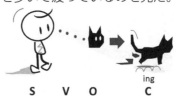

S　　V　　O　　　C

（3）**I saw a can crushed by a car.**
缶が車につぶされるのを見た。

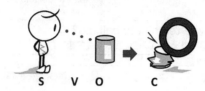

S　　　V　　　O　　　C

SVOC の C の部分に
動詞の to 不定詞がくるもの

　使役動詞と知覚動詞以外の動詞で、**SVOC** の **C** の部分に **to** 不定詞のかたちを取るものがあります。

（1）**I asked him to tell the truth.**
真実を話してくれるよう、私は彼に頼んだ。

（2）**Tell him to tell the truth.**
真実を話すよう、彼に言ってください。

（3）**I want him to tell the truth.**
私は彼に真実を話してもらいたい。

　（1）は彼に依頼した内容、（2）は彼に言った内容、（3）は彼にしてほしい内容を、それぞれ **to** 不定詞で伝える文になっています。

動詞

☐ 0275

tell
[tél]

動 ～に言う、～を話す、～に教える
tell - told - told

Will you **tell** him to call me?
私に電話するように彼に**言って**くれますか。

☐ 0276

ask
[æsk]

動 ～を頼む、～を尋ねる

I **asked** him to drive me home.
私は彼に家まで車で送ってくれるように**頼んだ**。

☐ 0277

want
[wánt]

動 ～を欲する、～する必要がある
名 欠乏、不足

I **want** you to stay home.
あなたに家にいて**ほしい**。

☐ 0278

like
[láɪk]

動 ～を欲する、～を好む

I'd **like** you to meet my boyfriend.
あなたに私の彼氏に会って**ほしい**。

☐ 0279

notice
[nóutəs]

動 ～に気づく
名 注目、通知

I **noticed** someone going upstairs.
誰かが二階へ行くのに**気づいた**。

☐ 0280

advise
[ədváɪz]

動 ～に勧める、～に忠告する

I **advise** you to go to see the doctor.
医者に診てもらうことを**お勧め**します。

☐ 0281

warn

[wɔ́ːrn]

動 ~に警告する

The doctor **warned** me not to drink too much.
医者は私に飲みすぎないよう**警告した**。

☐ 0282

cause

[kɔ́ːz]

動 ~の原因となる
名 原因

The blackout **caused** the airport to close for an hour.
停電が**原因となって**空港は1時間閉鎖した。

☐ 0283

enable

[ɪnéɪbl]

動 ~を可能にする

The scholarship **enabled** me to study abroad.
私は奨学金によって留学を**することができた**。

☐ 0284

encourage

[ɪnkə́ːrɪdʒ]

動 ~に勧める、~を励ます

The boss **encouraged** me to attend the seminar.
上司は私にそのセミナーに出るように**勧めた**。

☐ 0285

instruct

[ɪnstrʌ́kt]

動 ~に指示する、~に教える

The boss **instructed** me to pick you up.
上司は私に、あなたを車で迎えに来るように**指示した**。

☐ 0286

remind

[rɪmáɪnd]

動 ~に思い出させる

Please **remind** me to call the client tomorrow.
明日、お客様に電話するのを**思い出させて**ください。

□ 0287

request
[rɪkwést]

動 ～に依頼する
名 依頼

The boss **requested** me to attend the meeting.
上司は私に会議に出ることを**依頼した**。

□ 0288

require
[rɪkwáɪər]

動 ～の必要がある、～を要求する

We are **required** to wear a seat belt.
私たちはシートベルトを着ける**必要がある**（＝着けることになっている）。

□ 0289

tempt
[témpt]

動 ～を誘う、（人に）～する気にさせる

They **tempted** me to join the company.
彼らは私にその会社に入るよう**誘った**。

□ 0290

persuade
[pərswéɪd]

動 ～を説得する

I **persuaded** him to change his mind.
私は彼を**説得して**考えを変えさせた。

□ 0291

hide
[háɪd]

動 ～を隠す、隠れる　hide - hid - hidden

Did you see her **hide** the cake?
彼女がケーキを**隠す**ところを見ましたか。

□ 0292

bump
[bʌ́mp]

動 ぶつかる、～をぶつける

I saw a car **bump** into the wall.
車が壁に**ぶつかる**のを見た。

□ 0293

crash
[krǽʃ]

動 墜落する
名 墜落、衝突

I saw a plane **crash** into the building.
飛行機がビルに**墜落する**のを見た。

□ 0294

ring
[ríŋ]

動 鳴る、〜を鳴らす　ring - rang - rung
名 鳴らすこと

Didn't you hear the doorbell **ring**?
玄関のベルが**鳴る**のが聞こえなかったのですか。

□ 0295

shake
[ʃéɪk]

動 揺れる、〜を揺らす
　 shake - shook - shaken
名 振ること、シェイク

I felt the floor **shake** a little.
床が少し**揺れる**のを感じた。

□ 0296

float
[flóut]

動 浮かぶ、漂う

I saw something **floating** on the lake.
湖面に何かが**浮かんでいる**のが見えた。

□ 0297

shout
[ʃáut]

動 叫ぶ
名 叫び (声)

I heard someone **shouting** in the next room.
誰かが隣の部屋で**叫んでいる**のが聞こえた。

□ 0298

sew
[sóu]

動 〜を縫う

I saw her **sewing** something in the living room.
居間で彼女が何かを**縫っている**のを見た。

□ 0299

wave

[wéɪv]

動 手を振って合図する、〜を振る
名 波

I saw her **waving** us good-bye.
彼女が私たちに**手を振って**さよならと言っているのが見えた。

□ 0300

beat

[bíːt]

動 打つ、〜をたたく、〜に打ち勝つ
　beat - beat - beaten
名 打つこと、ビート

I could hear my heart **beating**.
自分の心臓が**鼓動している**のが聞こえた。

□ 0301

scream

[skríːm]

動 叫ぶ
名 悲鳴

We heard someone **screaming** in the distance.
私たちは誰かが遠くで**叫んでいる**のが聞こえた。

□ 0302

shoot

[ʃúːt]

動 〜を撃つ　shoot - shot - shot

I heard someone **shoot** a gun.
誰かが銃を**撃つ**音が聞こえた。

□ 0303

suffer

[sʌ́fər]

動 (〜に) 苦しむ、〜を被る

I hate to see people **suffering** from diseases.
私は人々が病気に**苦しんでいる**のを見るのが嫌です。

□ 0304

scold

[skóʊld]

動 〜を叱る

I saw the boy being **scolded** by his mother.
その少年が母親に**叱られている**ところを見た。

第2章

名詞中心
構文で
覚える英単語

　英語で最も多い **SVO** の文型のなかで最も頻繁に使われる動詞は、様々な意味を持つ **have** です。

　一般に「持つ」という意味で知られている **have** は、自分の支配が及ぶ範囲内に、あるものを所有している状態です。**have**（持つ）の対象になるのは、物理的に手にできるものだけでなく、身の周りにある家・車・土地などの財産や家族、友達、ペットのほか、自分の体の一部、感情、考え、能力など抽象的なものも含まれます。自分の支配が及ぶ範囲を時間と考えれば、自分の生活の範囲内での「経験」を表します。

（1）**I have a car.** ＊財産を所有している
　　　車を持っています。

（2）**I have three children.** ＊親族や友人がいる
　　　私は子供が３人います。

（3）**Do you have a pet?** ＊ペットを飼っている
　　　ペットを飼っていますか。

（4）**I have a cold.** ＊病気にかかっている
風邪をひいています。

（5）**Did you have lunch?** ＊食べる、飲む
昼食は食べましたか。

（6）**I had a chat with Mary.** ＊行う
私はメアリーとおしゃべりした。

（7）**Did you have a good time?** ＊経験する
楽しかったですか。

（8）**She has long black hair.** ＊特徴を持っている
彼女は長い黒髪をしている。

☐ 0305

sight
[sáɪt]

名 視力、視野、眺め、名所

He has poor **sight**.
彼は**視力**が悪い。

☐ 0306

appetite
[ǽpətàɪt]

名 食欲

He has a large **appetite**.
彼は**食欲**旺盛だ。

☐ 0307

pain
[péɪn]

名 痛み

Where do you have **pain**?
痛い場所はどこですか。

☐ 0308

headache
[hédèɪk]

名 頭痛

I have a slight **headache**.
頭が少し**痛い**です。

☐ 0309

stomach
[stʌ́mək]

名 胃

I have a pain in my **stomach**.
胃が痛いです。

☐ 0310

toothache
[túːθèɪk]

名 歯痛

I have a **toothache**.
歯が痛いです。

□ 0311

memory
[mémэri]

名 記憶 (力)、思い出

She has a pretty good **memory**.
彼女は**記憶力**がかなり良い。

□ 0312

eyesight
[áɪsàɪt]

名 視力

I have poor **eyesight**.
私は**視力**が弱い (=弱視) です。

□ 0313

height
[háɪt]

名 高さ

I have a fear of **heights**.
私は**高所**恐怖症です。

□ 0314

personality
[pà:rsənǽləti]

名 個性、有名人

He has a pretty strong **personality**.
彼はかなり強い**個性**を持っている。

□ 0315

character
[kǽrəktər]

名 性格、特徴、登場人物

She has a good **character**.
彼女は**性格**が良い。

□ 0316

sense
[séns]

名 感覚、意味、分別

I have no **sense** of direction.
私は方向の感覚がありません (=方向音痴です)。

□ 0317	
insight [ínsàit]	名 見識、洞察力

He has a deep **insight** into politics.
彼は政治に深い見識がある。

□ 0318	
accident [ǽksədənt]	名 事故、偶然

I had an **accident** on my way home.
帰宅途中に事故に遭った。

□ 0319	
appointment [əpɔ́intmənt]	名 (病院などの) 予約、(面会の) 約束

I have an **appointment** with the dentist today.
今日は歯医者の予約がある。

□ 0320	
assembly [əsémbli]	名 集会

We have a morning **assembly** every Monday.
毎週月曜日に朝の集会 (朝礼) がある。

□ 0321	
scale [skéil]	名 規模

We are having a large **scale** party next week.
来週、大規模なパーティーをします。

□ 0322	
backyard [bǽkjáːrd]	名 裏庭

We had a barbecue in the **backyard** last night.
昨夜、裏庭でバーベキューをした。

□ 0323

checkup

[tʃékʌ̀p]

名 検診

I have a medical **checkup** twice a year.
1年に2回検診がある。

□ 0324

fever

[fíːvər]

名 熱

I'm afraid I have a slight **fever**.
微熱があるんです。

□ 0325

comment

[káːment]

名 コメント、意見
動 〜とコメントする

Do you have any **comments**?
コメントはありますか。

□ 0326

conversation

[kàːnvərséɪʃən]

名 おしゃべり、会話

I had a **conversation** with him on the future.
将来について彼とおしゃべりをした。

□ 0327

influence

[ínfluəns]

名 影響
動 〜に影響を与える

His father had a great **influence** on him.
父親は彼に大きな影響を与えた。

□ 0328

interview

[íntərvjùː]

名 面接、インタビュー

I have a job **interview** at 3 p.m. today.
今日の午後3時に就職の面接がある。

□ 0329	
journey [dʒə́:rni]	名 旅

Have a safe **journey**.
安全な旅を。

□ 0330	
operation [à:pəréɪʃən]	名 手術、操作、事業

He had an **operation** on his neck.
彼は首の手術を受けた。

□ 0331	
reservation [rèzərvéɪʃən]	名 予約

I have a **reservation** at 7 p.m.
午後の7時に予約してあります。

□ 0332	
engagement [ɪngéɪdʒmənt]	名 (公式な) 約束、婚約

I have a previous **engagement**.
先の約束 (=先約) があります。

□ 0333	
reunion [rì:jú:njən]	名 同窓会、再会

We have a class **reunion** every five years.
私たちは5年ごとに同窓会があります。

□ 0334	
sum [sʌ́m]	名 金額、総計 動 ～を要約する

She has never had such a large **sum** of money.
彼女はそのような多額のお金 (=大金) を持ったことがない。

□ 0335

luggage
[lʌ́gɪdʒ]

名 手荷物、カバン類　*luggagesは不可

How many pieces of **luggage** do you have?
手荷物はいくつお持ちですか。

□ 0336

estate
[ɪstéɪt]

名 土地、地所、財産

He has a large **estate** in the countryside.
彼は田舎に広い**土地**を持っている。

□ 0337

membership
[mémbərʃìp]

名 会員、会員権

The club has a large **membership**.
そのクラブには**会員**が多い。

□ 0338

merchandise
[mə́:rtʃəndàɪz]

名 商品

The store has a large selection of **merchandise**.
その店は**商品**の品ぞろえが豊富です。

□ 0339

advantage
[ədvǽntɪdʒ]

名 利点、有利な点、長所

Every **advantage** has its disadvantage.
どんな**利点**にも欠点がある。

□ 0340

organization
[ɔ̀:rgənəzéɪʃən]

名 団体、組織

The **organization** has its headquarters in Berlin.
その**団体**はベルリンに本部がある。

☐ 0341

income
[ínkʌm]

名 収入

He has a small **income**.
彼の収入は少ない。

☐ 0342

population
[pɑ̀:pjəléiʃən]

名 人口

This city has a small **population** of about 10,000.
この都市の人口は少なく、約1万人です。

☐ 0343

proportion
[prəpɔ́:rʃən]

名 割合、比率

A large **proportion** of women have part-time jobs here.
ここでは大部分の女性はパートタイマーです。

☐ 0344

transportation
[trænspərtéiʃən]

名 交通手段、輸送

Do you have any **transportation**?
交通手段は何かありますか。

☐ 0345

vocabulary
[voukǽbjəlèri]

名 語彙、ボキャブラリー

She has a large **vocabulary**.
彼女は語彙が豊富だ。

☐ 0346

weather
[wéðər]

名 天気　*a fine weatherは不可

We had fine **weather** last week.
先週は良い天気でした。

□ 0347

advice
[ədváɪs]

名 アドバイス、助言　*advicesは不可

I have some **advice** for you.
あなたにいくつか**アドバイス**があります。

□ 0348

homework
[hóumwə̀ːrk]

名 宿題　*homeworksは不可

I have a lot of **homework** today.
今日はたくさん**宿題**がある。

□ 0349

information
[ìnfərméɪʃən]

名 情報、知識　*informationsは不可

We have a lot of **information** about it.
それについては**情報**がたくさんあります。

□ 0350

few

[fjú:]

形 ほとんどない、いくらかの (a few)

He has **few** friends.
彼には友達がほとんどいない。

□ 0351

little

[lítl]

形 ほとんどない、少しの (a little)、小さい
副 ほとんど〜でない、少し (a little)

I have **little** money with me.
手持ちのお金がほとんどありません。

□ 0352

previous

[prí:viəs]

形 前の、以前の

I'm sorry, I have a **previous** appointment.
すみませんが前の約束 (=先約) があります。

□ 0353

wrong

[rɔ́(:)ŋ]

形 間違った、悪い

I'm afraid you have the **wrong** number.
間違った番号へおかけ (=番号をお間違え) だと思いますが。

□ 0354

sharp

[ʃá:rp]

形 激しい、鋭い、急激な

I have a **sharp** pain in my chest.
私は胸に激しい痛み (=激痛) がある。

□ 0355

terrible

[térəbl]

形 ひどい、恐ろしい

I have a **terrible** headache.
頭がひどく痛い。

□ 0356

exciting
[ɪksáɪtɪŋ]

形 わくわくさせる、興奮させる

I have **exciting** news for you.
あなたを**わくわくさせる**知らせがあります。

□ 0357

enjoyable
[ɪndʒɔ́ɪəbl]

形 楽しい

We had a very **enjoyable** weekend.
私たちはとても**楽しい**週末を過ごした。

□ 0358

pleasant
[pléznt]

形 楽しい

Have a **pleasant** trip.
楽しい旅行を。

□ 0359

narrow
[nérou]

形 なんとか、やっとの、狭い

I had a **narrow** escape.
私は**なんとか**逃げ切った。

□ 0360

female
[fí:meɪl]

形 女性の、メスの

He has a **female** twin.
彼には**女**の双子がいる。

□ 0361

individual
[ìndəvídʒuəl]

形 個人の
名 個人

Each **individual** house has its own yard.
各家にはそれぞれの庭がある。

□ 0362

multiple

[mʌ́ltəpl]

形 多数の

I have **multiple** reasons for this choice.
これを選んだ理由は**たくさん**ある。

□ 0363

severe

[sɪvíər]

形 厳しい

I have a **severe** pain in my stomach.
胃に**厳しい**痛み（＝激痛）がある。

□ 0364

substantial

[səbstǽnʃəl]

形 充分な量の、本質的な

I usually have a **substantial** breakfast.
私は普段、朝食を**たくさん**食べます。

□ 0365

vague

[véɪg]

形 ぼんやりした、あいまいな

I have a **vague** memory of meeting him.
彼に会ったことを**ぼんやり**と覚えています。

□ 0366

extensive

[ɪksténsɪv]

形 広範囲にわたる、広い

She has an **extensive** knowledge of computers.
彼女のコンピュータに関する知識は**幅広い**。

英語を話すのに
文法は本当に不要なのか

　みなさんは英語を話すのに、英文法の勉強なんて必要ない、むしろ邪魔だと思っていますか?

　日本の英語教育は文法重視なので、話すときに文法的な間違いを恐れるあまり、積極的に英語を口にすることができない傾向が強いことはよく指摘されています。もしかすると、こうした教育が日本人の英語をダメにしているのでしょうか。

　たしかに、文法を無視して単語を並べているだけでも会話は成り立ちます。いわゆる「サバイバル英語」で、困ったときはこれでなんとか生き延びることができるという1つの例です。実際、いわゆる「出川イングリッシュ」でも目的を達成することは可能です。

　しかし、現実にこのような会話が成立するのは、シチュエーションが明確で、目の前にいる家族や友人など、場所的及び心理的に近い関係にある人同士のコミュニケーションである場合に限られます。

　改まった場で初対面の相手と話すといった、心理的な距離を置く場合には、単に単語を並べるだけでは、正常なコミュニケーションをとることはできません。

　また、相手と心理的に近い関係であっても、今日起こった出来事を伝えたり、自分の気持ちを伝えたりするためには、文法の知識なくして会話が成立しないことは明らかです。したがって、「英語を話すために文法は必要」なのです。

漠然と、「どこかに何かある」とか「どこかに誰かがいる」ことを示す表現が、**There is a ／ an...**（単数の名詞）／ **There are ~**（複数の名詞）の構文です。

There is a cat on the roof. の文では、主語は **a cat** ですが、疑問文が **Is there a cat on roof**？というように、**there** を形式上の主語として扱います。そういう意味では、**5** 文型のどれにも属さない特殊な文型です。

There is ~, There are ~ の構文は不特定の人や物の存在を表す表現で、特定の人や物の存在を表すことはできません。したがって、特定の物を表す定冠詞の **the** を使って、**There is the cat on the roof.** とすることはできません。すでに話題に上がっているネコや特定のネコが屋根にいるときには、**The cat is on the roof.**（そのネコは屋根の上にいます）のように表現します。

「ある物がない」ことを表す否定的な表現は、名詞の直前に **no ／ few ／ little** などの語を置きます。まったくないときは **no** を、ほとんどないときは **few** か **little** を使います。**few** は数えられる名詞、**little** は数えられない名詞のときです。また、**a few** や **a little** とすれば、「少しある」ことを表します。**milk**（牛乳）や **water**（水）などの数えられない名詞は常に単数扱いになります。

（1）**There is a cat on the roof.**
　　　屋根の上にネコが一匹いる。

（2） **Is there a cat on the roof?**
屋根の上にネコが一匹いますか。

（3） **There are no eggs in the fridge.**
冷蔵庫には卵は一つもない。

（4） **There are few eggs in the fridge.**
冷蔵庫には卵がほとんどない。

（5） **There is little milk in the fridge.**
冷蔵庫には牛乳がほとんどない。

　物がどこにあるか、人がどこにいるかを問う表現が
Where is ~? です。対象が複数なら **Where are ~?** と
なります。この章では、**There is~** の構文以外にも、疑
問詞の **Where**（どこに）を使った文なども含めて、名詞
を中心に覚えていきます。

（6） **Where is your cat?**
あなたのネコはどこにいますか。

105

名詞

□ 0367
drugstore
[drʌ́gstɔ̀ːr]

名 ドラッグストア

There is a **drugstore** opposite my house.
私の家の向かい側に**ドラッグストア**がある。

□ 0368
basement
[béɪsmənt]

名 地階、地下室

There is a cafeteria in the **basement**.
地階には食堂がある。

□ 0369
auditorium
[ɔ̀ːdətɔ́ːriəm]

名 講堂、観客席

There is a large audience in the **auditorium**.
講堂にはたくさんの観客がいる。

□ 0370
bureau
[bjúərou]

名 案内所、局

There is a travel **bureau** in town.
町には旅行**案内所**がある。

□ 0371
neighborhood
[néɪbərhùd]

名 近所

Is there a Japanese restaurant in the **neighborhood**?
近所に日本食レストランはありますか。

□ 0372
square
[skwéər]

名 広場、真四角
形 四角い

There was a crowd in the **square**.
広場には群衆がいた。

□ 0373

structure
[strʌ́ktʃər]

名 建造物、構造

There are many wooden **structures** in this area.
この地域にはたくさんの木造建造物がある。

□ 0374

compartment
[kəmpáːrtmənt]

名 客室、コンパートメント

Where is the first class **compartment**?
一等の**客室**はどこですか。

□ 0375

headquarters
[hédkwɔ̀ːrtərz]

名 本部

Where is the **headquarters** of the IMF?
IMFの**本部**はどこにありますか。

□ 0376

edge
[édʒ]

名 はずれ、端、縁

There is a theme park on the **edge** of town.
町の**はずれ**にテーマパークがある。

□ 0377

limit
[límət]

名 限度、制限

There is a **limit** to everything.
何事にも**限度**がある。

□ 0378

surface
[sə́ːrfəs]

名 表面

There is something floating on the **surface** of the water.
水の**表面**(=水面)に何かが浮かんでいる。

□ 0379

entrance
[éntrəns]

名 入口

Where is the **entrance** of this park?
この公園の**入口**はどこですか。

□ 0380

exit
[éɡzɪt]

名 出口

Where is the **exit**?
出口はどこですか。

□ 0381

section
[sékʃən]

名 部門、区域、部、課

Where is the toy **section**?
おもちゃの**部門**(=売り場)はどこですか。

□ 0382

source
[sɔ́:rs]

名 (水)源、出所

Where is the **source** of the River Thames?
テムズ川の**水源**はどこですか。

□ 0383

lot
[lá:t]

名 土地、運命、くじ

There is no parking **lot** along this street.
この通りに駐車する**土地**(=駐車場)はない。

□ 0384

room
[rú:m]

名 余地、空間、部屋

There is no **room** for discussing the matter.
その問題について話し合う**余地**はない。

□ 0385

space
[spéɪs]

名 空間、スペース、宇宙

Is there any **space** for one more person?
もう一人分の**スペース**はありますか。

□ 0386

storage
[stɔ́:rɪdʒ]

名 貯蔵、貯蓄

There is little **storage** space in the kitchen.
キッチンに**貯蔵**スペースはほとんどない。

□ 0387

soldier
[sóuldʒər]

名 兵士

There are some **soldiers** guarding the castle.
城の周りを**兵士**たちが護衛している。

□ 0388

crowd
[kráud]

名 群衆

There is a large **crowd** in the hall.
ホールには大**群衆**がいる。

□ 0389

guard
[gá:rd]

名 警備員、見張り
動 ～を守る

There are many security **guards** around the castle.
城の周りには**警備員**がたくさんいる。

□ 0390

volunteer
[và:ləntíər]

名 志願者、ボランティア
動 自主的に申し出る

There are many **volunteers** for the job.
その仕事にはたくさんの**志願者**がいる。

□ 0391

passenger

[pǽsəndʒər]

名 乗客

How many **passengers** are there on this plane?
この飛行機には乗客は何人いますか。

□ 0392

spectator

[spékteɪtər]

名 観客、見物人

How many **spectators** are there in this stadium?
このスタジアムには観客は何人いますか。

□ 0393

audience

[ɔ́:diəns]

名 観衆、聴衆

There was a large **audience** at the concert.
コンサートには大観衆がいた。

□ 0394

customer

[kʌ́stəmər]

名 客、常連客

There are few **customers** in the restaurant.
レストランには客がほとんどいない。

□ 0395

disease

[dɪzí:z]

名 病気、疾病

There is no cure for this **disease**.
この病気の治療法はない。

□ 0396

funeral

[fjú:nərəl]

名 葬儀

There was a large attendance at the **funeral**.
葬儀には多くの参列者がいた。

□ 0397

horror
[hɔ́:rər]

名 恐怖

There is a look of **horror** on his face.
彼の顔には恐怖の表情がある（＝彼は怖がっているようだ）。

□ 0398

doubt
[dáut]

名 疑い
動 ～を疑う

There is no **doubt** that he is the suspect.
彼が容疑者であることに疑いはない。

□ 0399

shame
[ʃéɪm]

名 恥ずかしさ、残念なこと

There is no **shame** in making mistakes.
間違いをすることを恥じることはない。

□ 0400

clothing
[klóuðɪŋ]

名 衣料品、衣料

Where is the **clothing** section?
衣料品売り場はどこですか。

□ 0401

furniture
[fə́:rnɪtʃər]

名 家具　*furnituresは不可

There is a lot of **furniture** in her room.
彼女の部屋には家具が多い。

□ 0402

meal
[mí:l]

名 食事

Is there a **meal** service on this flight?
この便には食事サービスはありますか。

□ 0403

scratch
[skrætʃ]

名 (ひっかき) 傷
動 (〜を) ひっかく

There is a **scratch** on the surface.
表面に傷がある。

□ 0404

demand
[dɪmǽnd]

名 需要、要求
動 〜を要求する、〜を必要とする

There is little **demand** for these goods.
これらの商品の需要はほとんどない。

□ 0405

amount
[əmáunt]

名 額、量、総計
動 達する

There is only a small **amount** of money left.
ほんのわずかな額のお金しか残っていない。

□ 0406

shortage
[ʃɔ́:rtɪdʒ]

名 不足

There is no **shortage** of hospital beds in the city.
その都市には病院のベッド数**不足**はない。

□ 0407

resource
[rí:sɔ̀:rs]

名 資源、手段

There are few natural **resources** in this country.
この国には天然**資源**がほとんどない。

□ 0408

emergency
[ɪmə́:rdʒənsi]

名 非常事態

Where's the **emergency** exit?
非常事態用の出口 (=非常口) はどこですか。

□ 0409

movement
[múːvmənt]

名 動き、運動

There has been little **movement** in the market.
市場では**動き**がほとんどない。

□ 0410

evidence
[évədəns]

名 (目に見える) 証拠

There is no **evidence** that life exists on Mars.
火星に生命が存在するという**証拠**はない。

□ 0411

proof
[prúːf]

名 証拠

There is no **proof** that he stole it.
彼がそれを盗んだという**証拠**はない。

□ 0412

solution
[səlúːʃən]

名 解決策、解答

There is no **solution** to this problem.
この問題に**解決策**はない。

□ 0413

exception
[ıksépʃən]

名 例外

There is no rule without **exceptions**.
例外のない規則はない。

□ 0414

guarantee
[gèrəntíː]

名 保証 (するもの)
動 ～を保証する

There is no **guarantee** that we'll win.
私たちが勝つ**保証**はない。

□ 0415

species

[spíːʃiːz]

名 種 (類)

There are many **species** of bird on the island.
その島にはたくさんの種類の鳥がいる。

□ 0416

conflict

[káːnflɪkt]

名 対立、衝突

There is a **conflict** between the two countries.
その二国は**対立**している。

□ 0417

connection

[kənékʃən]

名 関係、接続

There is a close **connection** between smoking and lung cancer.
喫煙と肺がんには密接な**関係**がある。

□ 0418

contrast

[káːntræst]

名 相違、対照

There is a striking **contrast** between the two cultures.
その二国の文化には顕著な**相違**がある。

□ 0419

distinction

[dɪstíŋkʃən]

名 相違点、区別、特徴

There is a clear **distinction** between the two.
その2つには明らかな**相違点**がある。

□ 0420

explosion

[ɪksplóʊʒən]

名 爆発

There was a big **explosion** in the city.
その都市で大きな**爆発**があった。

形容詞

□ 0421

nearby
[níərbái]

形 近くの
副 近くに

There are many parking lots **nearby**.
近くに駐車場がたくさんある。

□ 0422

odd
[á:d]

形 変な、奇数の

There is something **odd** about him.
彼にはどこか変なところがある。

□ 0423

plastic
[plǽstɪk]

形 プラスチックの、ビニールの
名 プラスチック、ビニール

There is a **plastic** bag floating on the river.
川にビニール袋が浮かんでいる。

□ 0424

single
[síŋgl]

形 たった一つ (一人) の、独身の

There was not a **single** person in the room.
部屋には誰一人いなかった。

□ 0425

minute
[maɪnjúːt]

形 微細な

There is a **minute** difference between the two.
両者には微細な違いがある。

□ 0426

original
[ərídʒənl]

形 独創的な、最初の
名 原作

There isn't a single **original** idea in his plan.
彼の計画には一つも独創的な考えがない。

□ 0427

national

[nǽʃənl]

形 国立の、国の

How many **national** parks are there in Japan?
日本には**国立**公園はいくつありますか。

□ 0428

additional

[ədíʃənl]

形 追加の

There is no **additional** charge for delivery.
配達の**追加**料金はありません。

□ 0429

principal

[prínsəpl]

形 主要な、最も重要な
名 校長

Where is your **principal** residence?
あなたの**主要な**住居はどこにありますか。

□ 0430

ample

[ǽmpl]

形 十分な、広い

There is **ample** time to discuss the issue.
その問題について話し合う時間は**十分**ある。

□ 0431

complimentary

[kɑ̀:mpləméntəri]

形 無料の、挨拶の

There is a **complimentary** bus service to the airport.
空港まで**無料の**バス便がある。

□ 0432

international

[ìntərnǽʃənl]

形 国際的な

There was an **international** conference in Kyoto.
京都で**国際**会議があった。

□ 0433

municipal
[mju(:)nísəpl]

形 市営の、市の

There is a **municipal** hospital close to the station.
駅の近くに**市営**病院がある。

□ 0434

scientific
[sàɪəntífɪk]

形 科学的な

There are no **scientific** data to support the theory.
その理論を支持するだけの**科学的な**データがまったくない。

□ 0435

technical
[téknɪkl]

形 専門的な、技術的な

There were many **technical** terms in his lecture.
彼の講義は**専門**用語が多かった。

□ 0436

potential
[pəténʃəl]

形 潜在的な、可能性を秘めた
名 可能性

There are many **potential** customers for the new product.
その新製品には**潜在的な**客 (=見込み客) がたくさんいる。

□ 0437

available
[əvéɪləbl]

形 利用できる、入手できる

There is no bus service **available** in this village.
この村には**利用できる**バス便がない。

□ 0438

noble
[nóubl]

形 気高い、高貴な

There is something **noble** about her.
彼女にはどこか**気高い**ところがある。

(1) **"What is the next station?"**
　　「次の駅はどこですか」

(2) **"What is the population of this city?"**
　　「この都市の人口はどれくらいですか」

(3) **"What is the taxi fare?"**
　　「タクシーの料金はいくらですか」

(4) **"What time is it?"**
　　「今何時ですか」

(5) **"What kind of car do you have?"**
　　「どんな種類の車を持っていますか」

　上記は「次の駅」「街の人口」「タクシーの料金」などを尋ねる表現です。**Where is the next station?** は「次の駅の場所はどこにありますか」という意味になるので、地図や路線図で、その場所を示すことになります。「**Where** ＝どこ」「**What** ＝何」という一語一訳的な暗記をしていると、このような日本語を英語で表すことができません。ここでは日常会話で頻繁に使われる疑問詞（特に **what**）を使った疑問文を中心に、たくさんの単語を覚えていきます。

　また、(4) や (5) の **What time**（何時）や **What kind**（どんな種類）のように、疑問詞の **What** は、直後に名詞を続けて形容詞的に使うこともできます。

　その他、次のような疑問詞を使った疑問文も必須表現です。

（6）**"How was your vacation?"**
「休暇はどうでしたか」

（7）**"How much is this?"**
「これはいくらですか」

（8）**"How tall is this tower?"**
「この塔の高さはどれくらいですか」

（9）**"Who is your English teacher?"**
「英語の先生は誰ですか」

（10）**"How often do you meet her?"**
「彼女にどれくらいの頻度で会いますか」

　（10）の質問に対しては、**once a week**（1週間に1回）、**twice a month**（ひと月に2回）、**three times a week**（週に3回）などと応じます。3回以上の場合は「数字＋ **times**」の形で表します。

名詞

□ 0439

price
[práɪs]

名 値段、価格

What is the **price** of this watch?
この腕時計の**値段**はいくらですか。

□ 0440

rate
[réɪt]

名 レート、率、割合

What is the exchange **rate** today?
今日の為替**レート**はいくらですか。

□ 0441

salary
[sǽləri]

名 給料、サラリー

What is the starting **salary**?
初めての**給料**(=初任給)はいくらですか。

□ 0442

balance
[bǽləns]

名 残高、均衡

What is your account **balance**?
口座**残高**はいくらですか。

□ 0443

commission
[kəmíʃən]

名 手数料

How much is the **commission**?
手数料はいくらですか。

□ 0444

euro
[júərou]

名 ユーロ

How much is it in **euro**?
ユーロでいくらですか。

☐ 0445

fare

[féər]

名 運賃、料金

What is the taxi **fare** from here to the airport?
ここから空港までのタクシーの**運賃**はいくらですか。

☐ 0446

ratio

[réɪʃou]

名 割合、比率

What is the **ratio** of men to women in your company?
あなたの会社の男性と女性の**割合**はどれくらいですか。

☐ 0447

tax

[tǽks]

名 税金

How much is the income **tax** in England?
イングランドの所得**税**はいくらですか。

☐ 0448

deposit

[dɪpɑ́:zət]

名 頭金、預金
動 ～を預金する、～を預ける

How much of a **deposit** did you pay?
頭金はいくら払いましたか。

☐ 0449

arrival

[əráɪvl]

名 到着

What is the **arrival** time?
到着は何時ですか。

☐ 0450

capital

[kǽpətl]

名 首都、資本
形 大文字の、主要な

What is the **capital** of America?
アメリカの**首都**はどこですか。

□ 0451

date
[déɪt]

名 日付

What is today's **date**?
今日の**日付**は何 (=今日は何日) ですか。

□ 0452

departure
[dɪpáːrtʃər]

名 出発

What time is your **departure**?
出発は何時ですか。

□ 0453

flight
[fláɪt]

名 フライト、便

How long was your **flight**?
フライトの時間はどれくらいでしたか。

□ 0454

export
名 [ékspɔːrt] 動 [ɪkspɔːrt]

名 輸出品
動 ～を輸出する

What is the major **export** of Italy?
イタリアの主要な**輸出品**は何ですか。

□ 0455

attraction
[ətrǽkʃən]

名 魅力、アトラクション、引き付けるもの

What is the main **attraction** of this tour?
このツアーの主な**魅力**は何ですか。

□ 0456

fiction
[fíkʃən]

名 小説、作り話

What is your favorite **fiction** book?
あなたの好きな**小説**は何ですか。

□ 0457

admission
[ədmíʃən]

名 入場料、入ること

What is the **admission** to the museum?
博物館の**入場料**はいくらですか。

□ 0458

anniversary
[æ̀nəvə́ːrsəri]

名 (〜周年) 記念日

When is your wedding **anniversary**?
結婚**記念日**はいつですか。

□ 0459

flavor
[fléɪvər]

名 風味、うまみ

What **flavor** of ice cream would you like?
何味のアイスクリームがよろしいですか。

□ 0460

brand
[brǽnd]

名 銘柄、ブランド

What **brand** of whisky would you like?
どこの**銘柄**のウイスキーがよろしいですか。

□ 0461

product
[prá:dəkt]

名 産物、製品

What are the main **products** of this country?
この国の主要**産物**は何ですか。

□ 0462

laundry
[lɔ́:ndri]

名 洗濯 (物)

How often do you do the **laundry**?
どれくらいの頻度で**洗濯**をしますか。

□ 0463

cosmetics

[kɑ:zmétıks]

名 化粧品

What brand of **cosmetics** do you use?
どんなブランドの**化粧品**を使っていますか。

□ 0464

matter

[mǽtər]

名 事態、事柄、故障、物質
動 重要である

What's the **matter**?
どんな**事態**なのですか（＝どうしたのですか）。

□ 0465

problem

[prɑ́:bləm]

名 問題

What seems to be the **problem**?
何が**問題**のようですか。

□ 0466

nationality

[næ̀ʃənǽləti]

名 国籍

What is your **nationality**?
あなたの**国籍**はどこですか。

□ 0467

religion

[rılídʒən]

名 宗教

What is your **religion**?
あなたの**宗教**は何ですか。

□ 0468

philosophy

[fəlɑ́:səfi]

名 哲学

What is your **philosophy** of life?
あなたの人生**哲学**は何ですか。

□ 0469

depth
[dépθ]

名 深さ

What is the **depth** of this lake?
この湖の**深さ**はどれくらいですか。

□ 0470

humidity
[hju:mídəti]

名 湿気、湿度

How high is the **humidity**?
湿度はどれくらい高いですか。

□ 0471

latitude
[lǽtətjùːd]

名 緯度

What is the **latitude** of this island?
この島の**緯度**は何度ですか。

□ 0472

length
[léŋkθ]

名 長さ

What is the **length** of this bridge?
この橋の**長さ**はどれくらいですか。

□ 0473

altitude
[ǽltətjùːd]

名 標高、高度

What is the **altitude** of this lake?
この湖の**標高**はどれくらいですか。

□ 0474

lighthouse
[láɪthàus]

名 灯台

What is the height of the **lighthouse**?
その**灯台**の高さはどれくらいですか。

□ 0475

origin

[ɔ́:rədʒɪn]

名 起源、始まり

What is the **origin** of April Fools' Day?
エープリルフールの起源は何ですか。

□ 0476

temperature

[témpərtʃər]

名 気温、温度

What is the average **temperature** at this time of year?
今の時期の平均気温はどれくらいですか。

□ 0477

liquid

[líkwɪd]

名 液体
形 液体の

How much **liquid** does this bottle contain?
この瓶にどれくらいの液体が入りますか。

□ 0478

grade

[gréɪd]

名 成績、学年、等級
動 ～を等級に分ける

How was your **grade**?
成績はどうでしたか。

□ 0479

behavior

[bɪhéɪvjər]

名 行動

How was Bill's **behavior** at the party?
パーティーでのビルの行動はどうでしたか。

□ 0480

meaning

[mí:nɪŋ]

名 意味

What is the **meaning** of this word?
この単語の意味は何ですか。

□ 0481

means
[míːnz]

名 手段

What is the major **means** of transportation?
主な交通手段は何ですか。

□ 0482

role
[róul]

名 役、役割

Who is in the leading **role**?
主役は誰ですか。

□ 0483

route
[rúːt]

名 経路、道、手段

What is the best **route** to the hotel from here?
ここからホテルまでの一番良い経路は何ですか。

□ 0484

tool
[túːl]

名 道具

What is this **tool** for?
この道具は何のためのものですか。

□ 0485

goal
[góul]

名 目標、得点

What is your **goal** in life?
あなたの人生の目標は何ですか。

□ 0486

purpose
[pə́ːrpəs]

名 目的

What is the **purpose** of your visit?
あなたの訪問の目的は何ですか。

□ 0487

outcome
[áutkʌm]

名 結果

What was the **outcome** of the election?
選挙の**結果**はどうでしたか。

□ 0488

success
[səksés]

名 成功

What was the secret of your **success**?
あなたの**成功**の秘訣は何でしたか。

□ 0489

boss
[bɔ́(:)s]

名 上司

What is your **boss** like?
上司はどんな人ですか。

□ 0490

companion
[kəmpǽnjən]

名 親友、仲間

Who is your closest **companion**?
一番の**親友**は誰ですか。

□ 0491

director
[dəréktər]

名 部長、重役、監督

Who is the personnel **director**?
人事**部長**は誰ですか。

□ 0492

figure
[fíɡjər]

名 人物、姿、形、数字

Who is your favorite historical **figure**?
あなたの好きな歴史上の**人物**は誰ですか。

□ 0493

mayor
[méɪər]

名 市長

Who is the **mayor** of this city?
この都市の**市長**は誰ですか。

□ 0494

business
[bíznəs]

名 仕事（商売）、企業、会社、（個人的な）関わり

What line of **business** are you in?
どういった**お仕事**をしていますか。

That's none of my **business**.
私には**関わり**のないことだ。

形容詞

□ 0495

far
[fάːr]

形 遠い
副 ずっと

How **far** is it from here to the airport?
ここから空港までどれくらい**遠い**ですか (=距離はどのくらいですか)。

□ 0496

chief
[tʃíːf]

形 主要な
名 長

What is your **chief** concern right now?
今、**主な**心配事は何ですか。

□ 0497

annual
[ǽnjuəl]

形 年間の、年一回の、例年の

How much is his **annual** income?
彼の**年間の**収入 (=年収) はいくらですか。

□ 0498

convenient
[kənvíːnjənt]

形 都合の良い、便利な

What time is **convenient** for you?
何時がご**都合よろしい**ですか。

□ 0499

current
[kə́ːrənt]

形 現在の、流通している
名 流れ

Who is the **current** president of this country?
この国の**現在の**大統領は誰ですか。

□ 0500

favorite
[féɪvərət]

形 大好きな
名 お気に入り

Who is your **favorite** singer?
あなたの**大好きな**歌手は誰ですか。

□0501

former

[fɔ́:rmər]

形 前の
名 前者

Who was the **former** president of India?
インドの**前**大統領は誰ですか。

□0502

historical

[hɪstɔ́:rɪkl]

形 歴史上の、歴史的な

Who is your favorite **historical** person?
あなたの好きな**歴史上**の人物は誰ですか。

□0503

present

[préznt]

形 現在の
名 現在、プレゼント

What is your **present** job?
現在のお仕事は何ですか。

□0504

ancient

[éɪnʃənt]

形 古代の

What is the **ancient** capital of Japan?
日本の**古代の**首都はどこですか。

□0505

local

[lóukl]

形 現地の、地元の

What is the **local** time in Tokyo?
東京の**現地**時間は何時ですか。

□0506

minimum

[mínɪməm]

形 最小限の、最低限の
名 最小限

What is the **minimum** wage in this country?
この国の**最低**賃金はいくらですか。

□ 0507	
official [əfíʃəl]	形 公式の

What is the **official** language of India?
インドの**公式な**言語 (=公用語) は何ですか。

□ 0508	
primary [práɪmèri]	形 主要な、最初の

What is your **primary** concern?
あなたの**主な**心配事は何ですか。

□ 0509	
prime [práɪm]	形 最も重要な、最良の

Who is the current **prime** minister of Korea?
韓国の現在の**最も重要な**大臣 (=首相) は誰ですか。

□ 0510	
valid [vælɪd]	形 有効な、妥当な

How long is this visa **valid**?
このビザの**有効**期限はどれくらいですか。

会話力を高めるためにも有効な 5文型を理解することの重要性

　英会話上達の最大の秘訣は、単語を覚えながら「名詞」「動詞」「形容詞」「副詞」という4つの品詞の語順を覚えることです。具体的には、みなさんが高校生のときに授業で教わった5文型をマスターすることです。

　ここで「5文型」という言葉を聞いて、拒絶反応を示す人も多いと思います。しかし、この5種類の言葉の並べ方を理解することが、実は英会話上達の一番の近道なのです。

　学生時代の私にとっても、5文型は受験にも会話にも役立たない、つまらない文法項目でした。しかし、英語を教える立場になってみて、その重要性に気づくことになります。実は、関係代名詞や分詞構文などの文法項目は、5文型がわかっていれば簡単に理解できることがわかったのです。

　5文型と言っても、本書で取り扱う例文の9割以上は「名詞＋動詞」(第1文型)、「名詞＋動詞＋名詞 (形容詞)」(第2文型、第3文型)の3種類で、残りの2種類 (第4文型、第5文型) は第1章で取り上げたものが中心になります。副詞は、これら5文型の中で、文の意味の幅を広げるために副えた飾りのようなものと考えてください。

　「はじめに」で述べたとおり、英語は「単語から勉強する」のが正解で、苦手意識がある人は5文型以外の難しい文法項目は後回しにしたほうが学習を続けやすいでしょう。5文型だけ押さえたら、本書に掲載した基本的な単語を中心に意味と使い方を覚えていくようにしてください。

2-4 SVO (to不定詞／動名詞) 型構文で覚える

（1） **I like hamburgers.**
私はハンバーガーが好きです。

（2） **I like reading novels. ／ I like to read novels.**
私は小説を読むことが好きです。

　SVO の文型では、**O** の部分に名詞の働きをする「動名詞 (**~ing**)」や「**to** ＋動詞の原形」(以下、**to** 不定詞) のかたちを続けることができます。たとえば、（2）は両方とも同じ意味になります。このように、動詞が **like** のときは、後に動名詞がきても **to** 不定詞がきても意味が変わることはありません。しかし、多くの動詞の場合、どちらを使うかで意味が変わったり、どちらか一方だけをとるものがあります。**to** 不定詞は「まだ行っていない未来のこと」、動名詞は「すでに行っていることを示唆する」という基本的な違いがあります。

（3） **I wanted to play tennis.**
私はテニスをしたかった。

（4） **I enjoyed playing tennis.**
私はテニスを楽しんだ。

（5）**He stopped** smoking **last year.**

彼は去年タバコをやめました。

　to 不定詞の場合、**want** のように「願望」のほかに、「予定」「計画」「意図」などを表す動詞に続くことが多いです。一方、動名詞は「普段から行っていること」や「今していること」を「終了」「停止」する動詞との結びつきが強いです。これらのことを押さえておきましょう。（5）の **stop** は「〜をやめる」という意味の動詞ですが、「立ち止まる」という意味もあるので、**He stopped to smoke.** とすれば、「彼は立ち止まってタバコを吸った」という意味になります。

　また、文型は異なりますが、動名詞は、次のように、**in**、**at**、**of** などの前置詞の後に続けることもできます。

（6）**I am good at** playing the guitar.

私はギターを弾くことが得意です。

（7）**Don't be afraid of** making mistakes.

間違いをすることを恐れてはいけません。

動詞

□ 0511

plan
[plǽn]

動 (〜を) 計画する
名 計画

I'm **planning** to go on a trip to England.
イングランドに旅行する**計画をしています**。

□ 0512

offer
[ɔ́(:)fər]

動 〜を申し出る
名 申し出

He **offered** to pay the bill.
彼は勘定を払うと**申し出た**。

□ 0513

decide
[dɪsáɪd]

動 〜を決心する、〜を決定する

She **decided** to change jobs.
彼女は転職を**決めた**。

□ 0514

choose
[tʃúːz]

動 〜を選ぶ、〜に決める
　　choose - chose - chosen

She **chose** to live alone.
彼女は一人暮らしをすることを**選んだ**。

□ 0515

hope
[hóup]

動 〜を期待 (希望) する
名 希望

I **hope** to see you again soon.
またすぐお会いできることを**願っています**。

□ 0516

wish
[wíʃ]

動 〜を願う
名 願い

He **wishes** to work abroad.
彼は海外で働くことを**願っている**。

□ 0517

hesitate
[hézətèɪt]

動 ～をためらう（躊躇する）

Don't **hesitate** to ask me any questions.
質問することを**ためらわ**ないでください。

□ 0518

learn
[lə́ːrn]

動 ～するようになる、～を学ぶ

She **learned** to swim at 7.
彼女は7歳で泳げる**ようになった**。

□ 0519

manage
[mǽnɪdʒ]

動 何とか～する、～を経営する

I **managed** to arrive on time.
何とか時間どおりに到着できた。

□ 0520

mean
[míːn]

動 ～するつもりだ、～を意味する
mean - meant - meant

I didn't **mean** to offend you.
あなたの気を悪くする**つもり**はなかった。

□ 0521

refuse
[rɪfjúːz]

動 ～を拒否する

I **refuse** to be treated as a child.
私は子ども扱いされることを**拒否します**。

□ 0522

promise
[prɑ́ːməs]

動 ～を約束する
名 約束

I **promise** to make you happy.
あなたを幸せにすることを**約束します**。

□ 0523

arrange

[əréɪndʒ]

動 ～する手はずを整える、～を取り決める

I'll **arrange** to meet him tomorrow.
彼に明日会う**手配**をします。

□ 0524

attempt

[ətémpt]

動 ～しようと試みる
名 試み

She **attempted** to finish the work in a day.
彼女は一日でその仕事を終わらせようと**試み**た。

□ 0525

afford

[əfɔ́ːrd]

動 ～する余裕がある

I can't **afford** to travel abroad this summer.
今年の夏は海外旅行に行く**余裕**はない。

□ 0526

decline

[dɪkláɪn]

動 ～を断る、衰える、減少する
名 減少、衰え

He **declined** to answer the question.
彼は質問に答えることを**断った**。

□ 0527

determine

[dɪtə́ːrmən]

動 ～を決心する

I'm **determined** to study abroad.
外国に留学することに**決めています**。

□ 0528

pretend

[prɪténd]

動 ～のふりをする

He **pretended** not to notice me.
彼は私に気づかない**ふりをした**。

□ 0529

tend
[ténd]

動 〜する傾向がある

Women **tend** to live longer than men.
女性は男性よりも長生きする**傾向がある**。

□ 0530

prefer
[prɪfə́:r]

動 〜を好む

Do you **prefer** to go by train or by bus?
列車で行くのが**いい**ですか、それともバスでいいですか。

□ 0531

claim
[kléɪm]

動 〜を主張する
名 主張、要求

He **claims** to be the owner of the copyright.
彼は著作権の所有者であると**主張している**。

□ 0532

neglect
[nɪglékt]

動 〜を怠る

He **neglected** to bring a gift to the party.
彼はパーティーに贈り物を持って来るのを**怠った**。

□ 0533

resolve
[rɪzá:lv]

動 〜を決心する

She **resolved** to marry him.
彼女は彼との結婚を**決心した**。

□ 0534

deserve
[dɪzə́:rv]

動 〜に値する

She **deserves** to be happy.
彼女は幸せになるのに**値する**。

□ 0535

undertake
[ʌ̀ndərtéɪk]

動 ～を約束する、～を引き受ける

He **undertook** to pay me back the money immediately.
彼はすぐにお金を返すと**約束した**。

□ 0536

mind
[máɪnd]

動 ～を迷惑がる、～を気にする
名 心、精神

Would you **mind** picking me up at the station?
駅まで迎えに来るのを**迷惑に思いますか**（＝迎えに来ていただけますか）。

□ 0537

enjoy
[ɪndʒɔ́ɪ]

動 ～を楽しむ

Do you **enjoy** working from home?
テレワークを**楽しんでいますか**。

□ 0538

finish
[fínɪʃ]

動 ～を終える
名 終わり、ゴール

Have you **finished** reading this magazine yet?
この雑誌はもう読み**終えましたか**。

□ 0539

escape
[ɪskéɪp]

動 ～を避ける、逃げる
名 逃亡、回避

He narrowly **escaped** being hit by a car.
彼は危うく車に当てられることから**逃れた**（＝当てられるところだった）。

□ 0540

deny
[dɪnáɪ]

動 ～を否定する

He **denied** cheating on the exam.
彼はカンニングしたことを**否定した**。

□ 0541

consider
[kənsídər]

動 ～をよく考える、～とみなす

I'm **considering** accepting the offer.
そのオファーを受け入れることを**考えています**。

□ 0542

anticipate
[æntísəpèit]

動 ～を楽しみにする（=look forward to）、
～を予期する

I **anticipate** moving to a new apartment.
新しいアパートに引っ越することを**楽しみにしている**。

□ 0543

appreciate
[əprí:ʃièit]

動 ～をありがたく思う

I'd **appreciate** hearing from you soon.
すぐにお返事いただけると**ありがたい**です。

□ 0544

admit
[ədmít]

動 ～を認める

He **admitted** stealing that money.
彼はそのお金を盗んだことを**認めた**。

□ 0545

avoid
[əvɔ́id]

動 ～を避ける

How do you **avoid** paying taxes?
納税をどのように**避けて**いますか（=節税はどのようにしていますか）。

□ 0546

advocate
動 [ǽdvəkèit] 名 [ǽdvəkət]

動 ～を主張する、～を擁護する
名 主張者、支持者

The diet **advocates** eating plenty of fruits.
そのダイエット法はたくさんの果物を食べることを提唱しています。

□0547

imagine
[ɪmǽdʒɪn]

動 ～を想像する

I never **imagined** meeting you here.
あなたにここで会うとは想像もしていませんでした。

□0548

postpone
[poustpóun]

動 ～を延期する (=put off)

He **postponed** visiting Germany.
彼はドイツ行きを延期した。

□0549

practice
[prǽktɪs]

動 ～を練習する
名 練習、習慣、実行

I'm going to **practice** parking today.
今日は駐車の練習をします。

□0550

quit
[kwít]

動 ～をやめる　quit - quit - quit

You should **quit** smoking.
タバコを吸うのをやめた (=禁煙した) ほうがいいですよ。

□0551

recall
[rɪkɔ́:l]

動 ～を思い出す、～を回収する
名 回想、リコール

I can't **recall** meeting her before.
彼女に以前に会ったことが思い出せません。

□0552

recommend
[rèkəménd]

動 ～を勧める

I **recommend** taking a train to the airport.
空港まで列車で行くことをお勧めします。

□ 0553

dislike

[dɪsláɪk]

動 ~を嫌う
名 嫌悪

He **dislikes** being alone.
彼は一人でいることを**嫌がる**。

□ 0554

suggest

[səgdʒést]

動 ~を提案する、~を勧める

I **suggest** leaving right now.
今すぐ出発することを**提案します**。

□ 0555

resist

[rɪzíst]

動 ~を我慢する、~に抵抗する

I couldn't **resist** buying that watch.
その腕時計を買うのを**我慢**できなかった (=買わずにはいられなかった)。

□ 0556

forgive

[fərgív]

動 ~を許す
　　forgive - forgave - forgiven

Please **forgive** me for not contacting you.
連絡しなかったことを**許して**ください。

□ 0557

hate

[héɪt]

動 ~を嫌う
名 憎しみ

He **hates** going / to go to the dentist.
彼は歯医者に行くのが**嫌い**だ。

□ 0558

continue

[kəntínju:]

動 ~を続ける、続く

Prices **continued** rising / to rise.
物価は上昇し**続けた**。

□ 0559

propose
[prəpóuz]

動 ～を提案する、プロポーズする

He **proposed** canceling/to cancel the plan.
彼はその計画を中止することを**提案した**。

□ 0560

bear
[béər]

動 ～を耐える、～を運ぶ
 bear - bore - born

I can't **bear** seeing / to see her cry.
彼女が泣くのを、見ることが**耐えられない**（＝見るに堪えない）。

□ 0561

commence
[kəméns]

動 ～を始める

She **commenced** studying / to study law.
彼女は法律の勉強を**始めた**。

□ 0562

handle
[hǽndl]

動 ～を扱う
名 取っ手

I'm not used to **handling** computers.
私はコンピュータを**扱う**ことに慣れていない。

□ 0563

entertain
[èntərtéin]

動 ～を楽しませる

She **entertained** herself by reading a magazine.
彼女は雑誌を読んで**楽しんだ**。

□ 0564

imitate
[ímətèit]

動 ～をまねる、～を模倣する

She is good at **imitating** her teachers.
彼女は先生たちの**物まねをする**のが得意です。

□ 0565

insist

[ɪnsíst]

動 ～と主張する

He **insisted** on going to another bar.
彼は二次会に行こうと**言い張った**。

□ 0566

prevent

[prɪvént]

動 ～を妨げる

The rain **prevented** us from going on a picnic.
雨がピクニックを行くのを**妨げた**(=雨でピクニックに行けなかった)。

□ 0567

refer

[rɪfə́ːr]

動 ～を参照する、言及する

How about **referring** to the map?
地図を**参照する**のはどうですか。

□ 0568

relax

[rɪlǽks]

動 ～をゆるめる、～をくつろがせる、くつろぐ

I **relax** my muscles before starting to run.
私は走る前に筋肉を**ほぐします**。

□ 0569

interact

[ìntərǽkt]

動 交流する

He isn't good at **interacting** with women.
彼は女性と**交流する**のが得意ではない。

□ 0570

collapse

[kəlǽps]

動 崩れる
名 崩壊

The bridge is in danger of **collapsing**.
その橋は**崩壊する**危険性がある。

□ 0571

dedicate
[dédəkèɪt]

動 ～を捧げる

She **dedicated** her whole life to helping poor people.
彼女は貧しい人たちを救うことに全生涯を**捧げた**。

□ 0572

devote
[dɪvóut]

動 ～を捧げる、～に専念する

He **devoted** himself to helping poor people.
彼は貧しい人々の救済に身を**捧げた**。

□ 0573

exaggerate
[ɪgzǽdʒərèɪt]

動 ～を誇張する

He has a habit of **exaggerating** things.
彼は物事を**誇張する**癖がある。

□ 0574

explore
[ɪksplɔ́:r]

動 ～を探検する

The island is worth **exploring** for a few days.
その島は数日**探検する**価値はある。

□ 0575

invest
[ɪnvést]

動 ～を投資する

How about **investing** the money in the stock market?
そのお金を株式に**投資する**のはどうですか。

□ 0576

rub
[rʌ́b]

動 ～をこする

He has a habit of **rubbing** his eyes.
彼は目を**こする**癖がある。

□ 0577

ruin
[rúːɪn]

動 ～を損ねる、～をだめにする
名 荒廃、廃墟 (s)

He **ruined** his health by working too hard.
彼は働きすぎて健康を**損ねた**。

□ 0578

spread
[spréd]

動 広がる、～を広げる

The rain kept the fire from **spreading**.
その火災は雨で**広がら**なかった。

□ 0579

stir
[stə́ːr]

動 ～をかき混ぜる、揺れ動く

Stir the hot chocolate before drinking it.
飲む前にココアを**かき混ぜて**ください。

□ 0580

stretch
[strétʃ]

動 ～を伸ばす、伸びる
名 広がり、ストレッチ

You need to **stretch** before exercising.
運動する前に**ストレッチをする**必要があります。

□ 0581

excuse
動 [ɪkskjúːz] 名 [ɪkskjúːs]

動 ～を許す
名 口実、言い訳

Please **excuse** me for being late.
遅刻したことを**許して**ください。

□0582

try

[trái]

動 ～を試す、～を試みる
名 試み

He **tried** asking her out.
彼は彼女をデートに誘ってみた。
He **tried** to ask her out.
彼は彼女を誘おうとした。

□0583

forget

[fərgét]

動 ～を忘れる
　forget - forgot - forgotten

Don't **forget** to lock the door.
ドアに鍵をかけるのを忘れてはいけません。
I'll never **forget** visiting Okinawa.
沖縄を訪れたことを決して忘れません。

□0584

remember

[rɪmémbər]

動 忘れずに～する、～を覚えている

Remember to tip the taxi driver.
忘れずにタクシーの運転手にチップを払ってください。
I **remember** seeing him before.
彼に以前会ったことを覚えています。

□0585

need

[níːd]

動 ～を必要とする
名 必要

My shoes **need** mending.
私の靴は修理する必要がある。
You **need** to take a rest.
あなたは休息をとる必要があります。

regret

[rɪgrét]

動 ～を後悔する、残念ながら～する
名 後悔

She **regretted** hiring him.
彼女は彼を雇ったことを**後悔した**。

I **regret** to tell you so.
残念ですがそう言わざるを得ません。

agree

[əgríː]

動 同意する、賛成する

He **agreed** to accept the offer.
彼はその申し出を受けることに**同意した**。

I **agree** with your opinion.
あなたの意見に**賛成です**。

第1章 5文型で覚える英単語

第2章 名詞中心構文で覚える英単語

第3章 動詞中心構文で覚える英単語

第4章 形容詞中心構文で覚える英単語

第5章 副詞中心構文で覚える英単語

名詞

□ 0588

chore
[tʃɔ́ːr]

名 雑用

I hate doing household **chores**.
私は家の**雑用** (=家事) をするのが大嫌いです。

□ 0589

housework
[háuswə̀ːrk]

名 家事

I hate doing **housework**.
私は**家事**をするのが大嫌いです。

□ 0590

habit
[hǽbət]

名 癖、習慣

I'm in the **habit** of drinking at home every night.
私は毎晩家で晩酌をすることにしている (晩酌するのが**習慣**である)。

□ 0591

farewell
[fèərwél]

名 別れ、別れの挨拶

How about having a **farewell** party for Mary?
メアリーのために**お別れ**会を開くのはどうですか。

□ 0592

fact
[fǽkt]

名 事実

I want to know the **facts**.
私は**事実**が知りたい。

□ 0593

novel
[nάːvl]

名 小説
形 斬新な

I like reading **novels**.
私は**小説**を読むのが好きです。

□ 0594

reputation
[rèpjətéɪʃən]

名 評判

He has a good **reputation** as a lawyer.
彼は弁護士として**評判**が良い。

□ 0595

tradition
[trədíʃən]

名 伝統、伝説

France has a long **tradition** of making good wine.
フランスは良質なワイン作りの長い**伝統**を持つ。

□ 0596

future
[fjú:tʃər]

名 将来、未来

I want to be a dancer in the **future**.
私は**将来**ダンサーになりたい。

□ 0597

sunrise
[sʌ́nràɪz]

名 日の出

I want to see the first **sunrise** of the year.
初**日の出**を見たい。

□ 0598

coast
[kóust]

名 海岸、沿岸

How about going for a drive along the **coast**?
海岸沿いのドライブはどうですか。

□ 0599

contract
名 [ká:ntrækt] 動 [kəntrækt]

名 契約書、契約
動 ～を契約する、～を収縮させる

Read the terms carefully before signing the **contract**.
契約書にサインする前に条件をよく読みなさい。

□ 0600

license

[láɪsns]

名 免許証、許可証

Don't forget to renew your driver's **license**.
車の**免許証**の更新を忘れずに。

□ 0601

procedure

[prəsíːdʒər]

名 手順、手続き、方法

What is the **procedure** for getting a visa?
ビザはどういう**手順**でもらえますか。

□ 0602

profession

[prəféʃən]

名 仕事、職業、専門職

I'm thinking of leaving the **profession**.
私は**仕事**を辞めようかと思っています。

□ 0603

emotion

[ɪmóuʃən]

名 感情、情緒

I'm not good at hiding **emotions**.
私は**感情**を隠すのが得意ではない。

□ 0604

image

[ímɪdʒ]

名 イメージ

The company tried to improve its **image**.
その会社は**イメージ**改善を試みた。

□ 0605

intention

[ɪnténʃən]

名 意図

I have no **intention** of marrying her.
私は彼女と結婚する**つもり**はありません。

□ 0606

proposal
[prəpóuzl]

名 提案

Your **proposal** is worth considering.
あなたの**提案**については検討する価値がある。

□ 0607

strategy
[strǽtədʒi]

名 戦略

The **strategy** is worth considering.
その**戦略**は熟考に値する。

□ 0608

thought
[θɔ́:t]

名 考え、思想

On second **thought**, I decided not to go.
考え直して私は行かないことに決めた。

□ 0609

cafeteria
[kæ̀fətíəriə]

名 食堂

How about having lunch in the **cafeteria**?
食堂で昼食を取るのはどうですか。

□ 0610

gallery
[ɡǽləri]

名 画廊

How about dropping by the **gallery**?
その**画廊**に寄るのはどうですか。

□ 0611

institute
[ínstətjù:t]

名 研究所

I want to set up my **institute**.
私は自分の**研究所**を設立したい。

□ 0612

warehouse

[wéərhàus]

名 倉庫

Don't forget to lock the door of the **warehouse**.
倉庫の施錠を忘れずに。

□ 0613

attendant

[əténdənt]

名 接客係、案内係

I want to be a flight **attendant**.
飛行機の接客係 (=客室乗務員) になりたい。

□ 0614

citizen

[sítəzn]

名 市民、国民

You can become a **citizen** after living in Spain for two years.
スペインに2年住めば市民になることができます。

□ 0615

manager

[mǽnɪdʒər]

名 責任者、経営者、監督

I want to talk to the **manager**.
責任者と話がしたい。

□ 0616

public

[pʌ́blɪk]

名 一般の人々
形 一般の、公共の

He's used to speaking in **public**.
彼は人前で話すことに慣れている。

わからない単語があっても
気にしないで読む

　高校時代の私は、長文を隅から隅まできちんと読み込まないと気が済まないという性格もあり、長文読解に時間がかかっていました。そんな私の英文を読むスピードが上がったのは、大学の英文科に進んだ際に受けた、ある授業でした。

　それは少人数のゼミ形式の授業で、担当は学生から恐れられていたコワモテのドイツ系の先生でした。

　その授業は事前に短い物語を読んでおくことを前提に進められます。短いといっても、数十ページに及ぶ英文であり、きちんと読みこなすには最低でも5〜6時間かかってしまうようなものでした。

　日本でも紹介されているような有名な作品であれば日本語版に頼っていたかもしれませんが、すべて日本では知られていない作品ばかりであり、自力で読みこなすしかありません。わからない単語を辞書で調べる時間はなく、ひたすら内容だけを追う予習でした。

　最初のうちは相当な時間がかかりましたが、徐々にスピードアップしてきたことを実感できるようになりました。2〜3カ月もすると、以前の2倍のスピードで読めるようになった感覚がありました。

「細かい単語の意味などわからなくても、英文は読めるんだ!」

　私の前に新しい英語の世界が開けたのです。

（1） **Do you know where the subway station is?**
　　地下鉄の駅はどこにあるかご存知ですか。

（2） **Do you know how old he is?**
　　彼は何歳だか知っていますか。

（3） **How old do you think he is?**
　　彼は何歳だと思いますか。

　SVO の文型の場合、動詞の目的語になるものとして、名詞のほかに動名詞や **to** 不定詞がありますが、疑問文を目的語にすることもできます。

　たとえば、「地下鉄の駅はどこですか」は **Where is the subway station?** ですが、「地下鉄の駅がどこにあるかご存知ですか」と聞きたいときは、**Do you know where the subway station is?** となり、**where** の後は「主語＋動詞」の語順に変えます。これが間接疑問文です。

　「彼は何歳ですか」は、**How old is he?** ですね。「彼は何歳だと思いますか」と聞く場合は、**how old he is** の語順になることはおわかりでしょう。ですが、**Do you think how old he is?** ではなく、**How old do you think he is?** となります。**Do you know how old he is?** （彼は何歳だか知っていますか）と尋ねられて、知っている場合は **Yes**、知らない場合は **No** で答えることができます。しかし、「彼は何歳だと思いますか」と尋ねられて、**Yes** や **No** で答えることはできません。**Yes** ／ **No** で答えることができない疑問文は疑問詞が

先頭に来るのが基本です。

間接疑問＋〈疑問詞＋ to 不定詞〉の構文で覚える英単語

　to 不定詞の直前に疑問詞「主に、**how**（どのように）／ **what**（何を）／ **when**（いつ）／ **where**（どこに）」などをつけて名詞（＝目的語）として使うこともできます。

（1）**I learned how to cook curry and rice.**
　　私はカレーライスの作り方を学んだ。
（2）**Please tell me what to do next.**
　　次に何をしたらいいか教えてください。
（3）**I'll tell you when to leave.**
　　いつ出たらいいか教えます。
（4）**She didn't know where to park her car.**
　　彼女は車をどこに駐車したらいいかわからなかった。

動詞

□ 0617

care
[kéər]

動 （～を）気にかける
名 注意、心配、世話

I don't **care** what you said.
あなたが言ったことを**気にかけません**（＝どうでもいい）。

□ 0618

wonder
[wʌ́ndər]

動 ～だろうかと思う、～を不思議に思う
名 驚き、不思議

I **wonder** what time it is.
今何時**だろう**。

□ 0619

guess
[gés]

動 ～を推測する、～だと思う、～を言い当てる
名 推測、推量

Can you **guess** where I have been?
私はどこに行っていたか**わかる**？

□ 0620

discover
[dɪskʌ́vər]

動 ～を発見する

Who do you think **discovered** this island?
この島を**発見した**のは誰だと思いますか。

□ 0621

calculate
[kǽlkjəlèɪt]

動 ～を計算する

I have no idea how to **calculate** GDP.
GDPの**計算**方法がまったくわかりません。

□ 0622

design
[dɪzáɪn]

動 ～を設計する、～を計画する
名 デザイン、設計図、意図

Who do you think **designed** this building?
このビルを**設計した**のは誰だと思いますか。

□ 0623

demonstrate
[démənstrèit]

動 ～を見せる、～を証明する、～を説明する

Can you **demonstrate** how to use it?
その使い方を**見せて**くれますか。

□ 0624

describe
[dɪskráɪb]

動 ～を表現する、～の特徴を述べる

He couldn't **describe** how he felt.
彼は気持ちを**表現**できなかった。

□ 0625

indicate
[índəkèit]

動 ～を示す、～をほのめかす

The map **indicates** where you can park.
その地図はあなたが駐車できる場所を**示しています**。

□ 0626

separate
[sépərèit]

動 ～を分ける、～を引き離す、分かれる、別れる

I don't know how to **separate** the garbage.
ゴミの**分別**方法がわからない。

□ 0627

delete
[dɪlíːt]

動 ～を消去する

Tell me how to **delete** my Facebook account.
フェイスブックのアカウントの**消去**方法を教えてください。

□ 0628

dispose
[dɪspóuz]

動 処分する、～を配置する

They don't know how to **dispose** of waste.
ゴミの**処分**方法を彼らは知らない。

□ 0629

migrate

[máɪgreɪt]

動 移動する、渡る

I wonder how birds know when to **migrate**.
鳥はどのように**移動**の時期を知るのだろう。

□ 0630

identify

[aɪdéntəfàɪ]

動 ～を認識する、～と同一視する

Can you **identify** where you are?
あなたは今自分がどこにいるか**認識**できますか。

□ 0631

bury

[béri]

動 ～を埋める

Do you know who is **buried** in this tomb?
この墓に誰が**埋葬されている**か知っていますか。

□ 0632

deal

[díːl]

動 ～を処理する (with)、～を分配する、～と
取引する　deal - dealt - dealt
名 取引

Do you know how to **deal** with this?
これの**処理**方法を知っていますか。

□ 0633

approve

[əprúːv]

動 賛成する、～を承認する

Why do you think he didn't **approve** of my proposal?
なぜ彼は私の提案に**賛成**しなかったと思いますか。

名詞

restroom
[réstrù:m]

名 トイレ、洗面所

I wonder where the **restroom** is.
トイレはどこだろう。

□ 0635

tourist
[túərɪst]

名 観光客

Can you tell me where the **tourist** information office is?
観光案内所はどこだか教えてくれますか。

□ 0636

aquarium
[əkwéəriəm]

名 水族館

Can you tell me where the **aquarium** is?
水族館はどこだか教えてくれますか。

□ 0637

clue
[klú:]

名 手がかり、ヒント

I don't have a **clue** where he lives.
彼がどこに住んでいるのかさっぱり**手がかり**がありません (=わかりません)。

□ 0638

document
[dá:kjəmənt]

名 文書

Where do you think she saved the **document**?
彼女はどこにその**文書**を保存したと思いますか。

□ 0639

idea
[aɪdí:ə]

名 理解、考え、思想

I have no **idea** what he's trying to say.
彼が何を言おうとしているのかまったく**理解**できません (=わかりません)。

第3章 動詞中心構文で覚える英単語

第4章 形容詞中心構文で覚える英単語

第5章 副詞中心構文で覚える英単語

□ 0640

poverty

[pá:vərti]

名 貧困

He doesn't know what **poverty** is like.
彼は貧困がどんなものなのかわかってない。

□ 0641

symbol

[símbl]

名 記号、象徴

Do you know what this **symbol** means?
この記号の意味は何だかわかりますか。

□ 0642

loss

[lɔ́(:)s]

名 損失、失うこと

I was at a **loss** what to do.
私は何をしたらいいか途方に暮れた。

□ 0643

summary

[sʌ́məri]

名 要約

I learned how to make a **summary**.
私は要約の仕方を学んだ。

□ 0644

cattle

[kǽtl]

名 家畜、牛　*cattlesは不可

I learned how to raise **cattle**.
私は家畜の飼育の仕方を学んだ。

□ 0645

discrimination

[dɪskrìmənéɪʃən]

名 差別 (待遇)

We discussed how to stop **discrimination**.
私たちは差別をどうやってなくすかについて話し合った。

リーディング練習で
心がけるべき8カ条

　英文を読む練習をする際に頭に入れておいていただきたいことを8項目にまとめてみました。これらに注意して練習を続ければ、読むスピードも精度も必ず上がっていきます。

　もちろん、自分の現在のレベルに合った英文を選ぶのが大前提です。レベルが高すぎる文章ばかりでは続かないし、逆に簡単すぎる文章ばかり読んでも読解力の向上にはつながりません。

1.　音読をせずに黙読する
2.　「心の中の音読」もせずに英文を理解するようにする。
3.　2が難しければ、ヘッドフォンで曲を聴いたり、ガムを噛んで気を散らすなどして、「心の中の音読」から意識をそらす。
4.　英語から日本語に「訳す」のではなく、英文の内容を「理解する」。
5.　読んでいるときは途中で決して止まらない。
6.　前に戻って読み返さない。
7.　6を防止するため、目と同時に指を走らせる。
8.　2回目を読むときは速度を遅くして、主語、動詞、形容詞（句）、副詞（句）など、まとまった意味を持つ語句ごとに「／」を入れて読む。

（1）**To answer the question is easy.**

（2）**It is easy to answer the question.**

その質問に答えることは簡単です。

　to 不定詞は、**I like to watch TV.**（私はテレビを観ることが好きです）のように、動詞の後に続けて目的語になりますが、主語にすることもできます。たとえば、「その質問に答えることは簡単です」は、（1）のような文で表すことができます。

　しかし、英語には「主語はできるだけ短くする」という原則があるため、（1）だとややぎこちなさを感じさせます。そこで二文字の単語である **it** を使って、（2）のように表現するのが通常です。「**It is ...**（形容詞）**to do~**」のかたちで、「~することは ... です」という 1 つの構文として覚えておくとよいでしょう。

（3）**It is easy for me to answer the question.**

私がその質問に答えるのは簡単です。

（4）**It was stupid of him to do such a thing.**
　　そんなことをするとは彼は愚かだった。

（5）**It took me an hour to get to the airport.**
　　　空港まで行くのに１時間かかりました。

　（3）は質問に答える（**answer the question**）人が誰であるかをハッキリさせる文です。答える人が「私」なら **to answer** の直前に、**for me** を入れます。「彼」なら **for him** です。「**It is ...**（形容詞）**for** 人 **to do~**（人が〜するのは ... だ）」という構文で覚えましょう。**It is easy for me** と一旦区切って読むと、「その質問に答えることは私にとって簡単です」という意味になります。

　この構文では、形容詞が **kind**（親切）とか **stupid**（愚かな）のように、人の性質を表す語の場合は、**for** は **of** に変わります。（4）の **It was stupid of him to do such a thing.** は「そんなことをするとは彼は愚かだった」です。この場合は、**He was stupid to do such a thing.** と言い換えることができます。

　また、（5）の文については、「**It takes** 人 **...**（時間）**to do~**（人が〜するのに ... の時間がかかる）」の構文として覚えておくのがよいでしょう。人を表す言葉を入れずに、**It takes an hour to get to the airport.** なら、一般的に「空港に着くのに１時間かかる」という意味になります。「空港までどれくらいの時間がかかりましたか」なら、**How long did it take you to get to the airport?** になります。

形容詞

□ 0646

easy
[í:zi]

形 簡単な、容易な

It isn't **easy** to finish this work in an hour.
この仕事を1時間で終わらせることは**簡単**ではありません。

□ 0647

strange
[stréɪndʒ]

形 変な、不思議な、奇妙な

It is **strange** for her to say such a thing.
彼女がそんなことを言うなんて**変**だ。

□ 0648

difficult
[dífɪkəlt]

形 難しい

It is **difficult** for me to swim across this river.
私がこの川を泳いで渡るのは**難しい**。

□ 0649

impossible
[ɪmpá:səbl]

形 不可能な、ありえない

It is **impossible** for me to read this book in a day.
私が一日でこの本を読むのは**不可能**です。

□ 0650

important
[ɪmpɔ́:rtnt]

形 大切な、重要な

It is **important** for you to study English every day.
あなたは毎日英語の勉強をすることが**大切**です。

□ 0651

safe
[séɪf]

形 安全な
名 金庫

Is it **safe** for women to walk alone at night?
女性が夜に一人で歩くのは**安全**ですか。

□ 0652

dangerous

[déɪndʒərəs]

形 危険な

It is **dangerous** to cross the road.
道路を渡るのは**危険**です。

□ 0653

necessary

[nésəsèri]

形 必要な

It is **necessary** for you to keep early hours.
あなたは早寝早起きすることが**必要**です。

□ 0654

useless

[jú:sləs]

形 無駄な、役に立たない

It is **useless** to talk to her.
彼女に話しかけても**無駄**です。

□ 0655

careless

[kéərləs]

形 不注意な

How **careless** of me to make such a simple mistake!
そんな単純な間違いをするなんて私は何て**不注意**だったんだ!

□ 0656

wise

[wáɪz]

形 賢明な

It was **wise** of you to leave home early.
家を早く出るとはあなたは**賢明**でした。

□ 0657

clever

[klévər]

形 賢い

How **clever** of you to find such a solution!
そんな解決法を見つけるとはあなたは何て**賢い**のでしょう!

□ 0658

polite
[pəláɪt]

形 礼儀正しい、丁寧な

It was **polite** of him to send me a thank you card.
お礼のカードを送ってくれるとは彼は**礼儀正しい**人だった。

□ 0659

rude
[rúːd]

形 無礼な

How **rude** of you to ask my age!
私に歳を聞くとは、あなたは何て**無礼な**人でしょう!

□ 0660

brave
[bréɪv]

形 勇敢な

How **brave** of her to jump off the cliff!
崖から飛び降りるとは彼は何て**勇敢**なんだろう!

□ 0661

bold
[bóuld]

形 大胆な

How **bold** of him to propose to her!
彼女にプロポーズするとは彼は何て**大胆**だろう!

□ 0662

cruel
[krúːəl]

形 残酷な

How **cruel** of him to say such a thing!
そんなことを言うとは彼は何て**残酷な**人だ!

□ 0663

silly
[síli]

形 愚かな

How **silly** of him to say such a thing!
そんなことを言うとは彼は何て**愚か**なんだろう!

□ 0664

stupid
[stjú:pəd]

形 愚かな

How **stupid** of him to do such a thing!
そんなことをするなんて彼は何て愚かだ!

□ 0665

legal
[lí:gl]

形 合法の

It isn't **legal** to grow marijuana in New York.
ニューヨークではマリファナを栽培することは**合法**ではない。

□ 0666

illegal
[ɪlí:gl]

形 違法の

It is **illegal** to park cars in this area.
この地域での車の駐車は**違法**です。

□ 0667

unusual
[ʌnjú:ʒuəl]

形 珍しい、異常な

It is **unusual** for him to be late.
彼が遅刻するのは**珍しい**。

□ 0668

characteristic
[kæ̀rəktərístɪk]

形 いかにも〜らしい、特徴的な

It is **characteristic** of him to do so.
そんなことをするとは**いかにも彼らしい**。

□ 0669

considerate
[kənsídərət]

形 思いやりのある

It was **considerate** of him to forgive me.
私を許してくれるとは彼は**思いやりがある**人であった。

□ 0670

sensible
[sénsəbl]

形 賢明な、分別のある

It was **sensible** of her to cancel the trip.
旅行を取り消すとは彼女は**賢明**でした。

□ 0671

courteous
[kə́:rtiəs]

形 礼儀正しい

It was **courteous** of him to write to me.
私に手紙を書いてくれるとは彼は**礼儀正しい**人だった。

□ 0672

typical
[típikl]

形 いかにも～らしい、典型的な、特有の

It is **typical** of him to say such a thing.
そんなことを言うとは**いかにも彼らしい**。

□ 0673

generous
[dʒénərəs]

形 寛大な

How **generous** of him to overlook my mistake!
私のミスを大目に見てくれるとは彼は何て**寛大な**人でしょう!

□ 0674

selfish
[sélfɪʃ]

形 自分勝手な、わがままな

How **selfish** of you to spend the money on yourself!
そのお金を自分に使うなんてあなたは何て**自分勝手**でしょう!

□ 0675

unkind
[ʌnkáɪnd]

形 思いやりのない、不親切な

How **unkind** of him to ask her such a question!
彼女にそんな質問をするとは彼は何て**思いやりがない**人でしょう!

□ 0676

personal
[pə́:rsənl]

形 個人的な

Is it OK to ask you a **personal** question?
1つ個人的な質問をしてもいいですか。

□ 0677

precise
[prɪsáɪs]

形 正確な

It is hard to get **precise** information.
正確な情報を得るのは難しい。

□ 0678

appropriate
形 [əpróupriət] 動 [əpróuprièɪt]

形 相応しい、適切な
動 ～を横領する

It is hard to find an **appropriate** dress.
相応しいドレスを見つけるのが難しい。

□ 0679

raw
[rɔ́:]

形 生の

Is it safe to eat **raw** cabbage?
生のキャベツを食べても大丈夫ですか。

□ 0680

scenic
[sí:nɪk]

形 景色のよい

It's fun to drive along the **scenic** route.
景色のよいルートに沿ってのドライブは楽しい。

□ 0681

whole
[hóul]

形 丸々の、全体の

It will take a **whole** day to reach the destination.
目的地に到着するのに丸一日かかるでしょう。

動詞

☐ 0682

chat

[tʃæt]

動 おしゃべりする
名 おしゃべり

It is fun to **chat** with her.
彼女とおしゃべりするのは楽しい。

☐ 0683

attract

[ətrǽkt]

動 ～を引き寄せる、～を引く

It isn't easy to **attract** customers.
顧客を引き寄せるのは簡単ではない。

☐ 0684

fill

[fɪl]

動 ～を満たす、満ちる

It is necessary to **fill** out the form.
必要事項を埋めることが必要です。

☐ 0685

solve

[sάːlv]

動 ～を解決する、～を解く

It is impossible for me to **solve** this problem.
この問題を解くのは私には不可能です。

☐ 0686

protect

[prətékt]

動 ～を保護する

It is important to **protect** your eyes from the sun.
太陽から目を保護することは大切です。

☐ 0687

express

[ɪksprés]

動 ～を表現する

It is hard to **express** myself in English.
英語で言いたいことを表現するのは難しい。

172

□ 0688

memorize

[méməràɪz]

動 ～を暗記する

It isn't easy to **memorize** lines.
セリフを**暗記する**のは容易ではない。

□ 0689

sort

[sɔ́:rt]

動 ～を処理する、～を分類する
名 種類

It is a pain to **sort** the mail every day.
毎日、郵便物を**処理する**のは面倒です。

□ 0690

spill

[spíl]

動 ～をこぼす

It is no use crying over **spilled** milk.
こぼれたミルクを嘆いても無駄です（＝覆水盆に返らず）。

□ 0691

argue

[ɑ́:rgju:]

動 議論する、口論する

It is useless to **argue** with him.
彼と**議論して**も無駄です。

□ 0692

assemble

[əsémbl]

動 ～を組み立てる、～を集める

It's easy to **assemble** the bookshelf.
その本棚を**組み立てる**のは簡単です。

□ 0693

combine

[kəmbáɪn]

動 ～を組み合わせる、～を結びつける

It is hard to **combine** business with pleasure.
仕事と娯楽を**結びつける**ことは難しい。

□ 0694

commute
[kəmjúːt]

動 通勤 (通学) する

It is a pain to **commute** on rainy days.
雨の日の**通勤**は面倒です。

□ 0695

complete
[kəmplíːt]

動 ～を完了させる、～を完成させる

It is difficult for me to **complete** it in a day.
私が一日でそれを**完了させる**のは難しい。

□ 0696

compromise
[káːmprəmàız]

動 妥協する、和解する
名 妥協、和解

It was best for you to **compromise**.
あなたが**妥協する**のが最善だった。

□ 0697

convince
[kənvíns]

動 説得して～させる、～を納得させる

It is useless to try to **convince** him to stop gambling.
彼を**説得して**ギャンブルをやめさせようとしても無駄です。

□ 0698

cure
[kjúər]

動 ～を治療する
名 治療 (法)

It is difficult to **cure** this disease.
この病気の**治療**は難しい。

□ 0699

defeat
[dɪfíːt]

動 ～を破る、～を負かす

It is impossible to **defeat** the champion.
チャンピオンを**破る**のは不可能です。

□ 0700

define
[dɪfáɪn]

動 ～を定義する

It is difficult to **define** the word "love."
「愛」という言葉を定義するのは難しい。

□ 0701

eliminate
[ɪlímənèɪt]

動 ～を削除する

It is important to **eliminate** the risk factors.
危険要因を除くことが重要です。

□ 0702

examine
[ɪgzǽmən]

動 ～を調査する、～を検査する

It's better for you to **examine** the document carefully.
あなたはその文書を注意深く調査したほうがいいでしょう。

□ 0703

execute
[éksəkjùːt]

動 ～を実行する、～を死刑にする

It is difficult to **execute** the plan.
その計画を実行するのは難しい。

□ 0704

operate
[áːpərèɪt]

動 ～を操作する、動く、手術する

It is difficult to **operate** this machine.
この機械の操作は難しい。

□ 0705

interpret
[ɪntə́ːrprət]

動 ～を解釈する

It is hard to **interpret** his tone.
彼の口調を解釈するのは難しい。

□ 0706

speculate

[spékjəlèit]

動 (〜を) 推測する

It's hard to **speculate** what tomorrow may bring.
明日どんなことが起こるか**推測する**ことは難しい。

□ 0707

cooperate

[kouá:pərèit]

動 協力する

It is important to learn how to **cooperate** with others.
他人とどう**協力する**かを学ぶことは大切だ。

□ 0708

load

[lóud]

動 〜に荷を積む

It took half an hour to **load** the truck.
トラックに**荷を積む**のに30分かかった。

□ 0709

manipulate

[mənípjəlèit]

動 〜を操る

It's easy to **manipulate** men.
男を**操る**のは簡単です。

□ 0710

reduce

[rɪdʒú:s]

動 〜を減少させる

It's necessary to **reduce** the budget.
予算を**減らす**ことが必要です。

□ 0711

renovate

[rénəvèit]

動 〜を改装する、〜をリフォームする

It took a year to **renovate** the hotel.
ホテルの**改装**に一年かかった。

□ 0712

retain
[rɪtéɪn]

動 ～を取っておく、～を保持する

It is important to **retain** the receipt as proof of payment.
支払い証明としてレシートを**取っておく**ことは重要です。

□ 0713

recover
[rɪkʌ́vər]

動 回復する、～を取り戻す

It took him a month to **recover** from the knee injury.
彼は膝のケガから**回復する**のに一か月かかった。

□ 0714

suppress
[səprés]

動 ～を抑圧する

It took a long time to **suppress** the revolt.
暴動を**抑圧する**のに時間がかかった。

□ 0715

adapt
[ədǽpt]

動 適応する、～を適応させる

It took me a long time to **adapt** to a new workplace.
私は新しい職場に**適応する**のに時間がかかった。

名詞

☐ 0716

fun

[fʌn]

名 楽しみ

It is **fun** to drive on a sunny day.
晴れた日のドライブは楽しい。

☐ 0717

honor

[á:nər]

名 名誉 (なこと)、尊敬

It's an **honor** to be here today.
今日はここに来られて光栄です。

☐ 0718

manner

[mǽnər]

名 行儀 (manners)、方法、態度

It is bad **manners** to talk with your mouth full.
口にものをほおばって話すのは行儀が悪いです。

☐ 0719

pleasure

[pléʒər]

名 光栄、喜び、娯楽

It's my **pleasure** to meet you.
あなたに会えて光栄です。

☐ 0720

law

[lɔ́:]

名 法律

It's against the **law** to smoke on this street.
この通りでの喫煙は法律違反です。

☐ 0721

principle

[prínsəpl]

名 信念、原則

It is against my **principles** to borrow money.
お金を借りることは私の信念に反する。

□0722

regulation

[règjəléɪʃən]

名 規制

It is against **regulations** to park here.
ここでの駐車は規則違反です。

□0723

health

[hélθ]

名 健康

It is good for your **health** to keep early hours.
早寝早起きは健康に良い。

□0724

culture

[kʌ́ltʃər]

名 文化

It's fun to learn about foreign **cultures**.
外国の文化を学ぶのは楽しい。

□0725

garbage

[gáːrbɪdʒ]

名 ゴミ

It's your turn to take out the **garbage**.
ゴミ出しはあなたの番です。

□0726

greenhouse

[gríːnhàus]

名 温室

It is not easy to understand the **greenhouse** effect.
温室効果を理解するのは簡単ではありません。

□0727

lecture

[léktʃər]

名 講義
動 〜の講義をする

It's necessary for you to attend this **lecture**.
あなたはこの講義に出席する必要があります。

☐ 0728

phenomenon
[fɪnάːmənὰːn]

名 現象

It is not easy to explain this **phenomenon**.
この**現象**を説明することは容易ではない。

☐ 0729

ecology
[ɪkάːlədʒi]

名 生態（系）、生態学

It is our duty to keep the **ecology** in balance.
生態系のバランスを保つことは私たちの義務です。

☐ 0730

hypothesis
[haɪpάːθəsɪs]

名 仮説

It is difficult to prove the **hypothesis**.
その**仮説**を証明することは難しい。

☐ 0731

research
[ríːsə̀ːrtʃ]

名 調査、研究
動 ～を研究する

It is necessary for us to conduct market **research**.
私たちは市場**調査**をすることが必要です。

☐ 0732

surroundings
[səráundɪŋz]

名 環境、周囲の状況

It was hard to adjust to the new **surroundings**.
新しい**環境**に順応することは難しかった。

☐ 0733

environment
[ɪnváɪərnmənt]

名 環境

It took a long time to get used to the new **environment**.
新しい**環境**に慣れるまで時間がかかった。

□ 0734

theory

[θíːəri]

名 理論

It is difficult to understand the **theory**.
その**理論**を理解するのは難しい。

□ 0735

policy

[páːləsi]

名 信条、政策、方針

It's his **policy** to keep promises.
約束を守ることが彼の**信条**です。

□ 0736

tide

[táɪd]

名 潮流、潮

It's tough to swim against the **tide**.
潮流に逆らって泳ぐのは大変です。

□ 0737

trick

[trík]

名 手品、計略
動 ～をだます

It's hard to do a **trick** in front of many people.
大勢の人たちの前で**手品**をするのは難しい。

□ 0738

million

[míljən]

名 100万

It cost over 100 **million** dollars to build this bridge.
この橋の建設に1億 (=100×**100万**) ドル以上かかった。

(1) **That** he told the truth **is** clear.

(2) **It is** clear **that** he told the truth.

　　彼が真実を言ったのは明らかです。

　SVO の文型では、1 つの独立した文を動詞の目的語にすることもできます。**I think that he told the truth.** なら、「彼は真実を言ったと私は思います」です。つまり、「**that he told the truth**」で 1 つの名詞の働きをしています。これ(**that he told the truth**)を主語にして、(1)のようにすることもできますが、主語が長すぎるので、実際には形式上の主語の **it** を文頭に出して、**It is** clear **that** he told the truth. とするのが自然な英語になります。

　「**It is … that SV~**（～なのは … だ）」という構文として覚えましょう。**…** に入る単語は形容詞だけでなく、次のように動詞や名詞になる場合もあります。

（3）**It is natural that she got angry.**
　　彼女が怒ったのは当然です。

（4）**It seems that they are busy.**
　　彼らは忙しそうです。

（5）**It is said that he discovered the island.**
　　彼がその島を発見したと言われている。

（6）**It is a pity that she couldn't come.**
　　彼女が来られなかったのは残念です。

　（3）の構文で、形容詞が **important**（重要な）、**necessary**（必要な）など重要性や必要性を表す形容詞である場合、動詞は原形で表すことに注意してください。たとえば、「彼女が会議に行くことが重要だ」は、**It is important that she goes to the meeting.** ではなく、**It is important that she go to the meeting.** と表します（イギリス英語では、**she should go~**）。

　なお、「**It is ...**（形容詞）**that SV~**（〜なのは... だ）」という構文は、**It is important for her to go to the meeting.** や **It is natural for her to get angry.** のように、「**It is ...** 形容詞 **for** 人 **to do~**（人が〜するのは... だ）」の構文で言い換えることができます。

動詞

□ 0739

report
[rɪpɔ́ːrt]

動 ～を報告する
名 報告

It is **reported** that the minister resigned.
大臣は辞職したと**報告されている**。

□ 0740

create
[kriéɪt]

動 ～を創出する、～を創造する

It is expected that the economy will **create** new jobs.
景気は新しい雇用を**創出する**と期待される。

□ 0741

assert
[əsə́ːrt]

動 ～を主張する、～を断言する

It is often **asserted** that we live in an information age.
私たちは情報の時代に生きているとよく**主張される**。

□ 0742

assume
[əsjúːm]

動 ～であるとみなす、～を引き受ける

It is **assumed** that the virus came from China.
そのウイルスは中国に由来すると**みなされている**。

□ 0743

estimate
動 [éstəmèɪt] 名 [éstəmət]

動 ～を見積もる
名 見積

It is **estimated** that the cost would be about 1 million yen.
費用は約100万円になると**見込まれている**。

□ 0744

predict
[prɪdíkt]

動 ～を予想する、～を予言する

It is **predicted** that the weather will be cloudy.
天気は曇りになるだろうと**予想されている**。

□ 0745

reveal
[rɪvíːl]

動 ～を明らかにする

It was **revealed** that he was murdered.
彼が殺害されたことが**明らかにされた**。

□ 0746

suspect
動 [səspékt] 名 [sʌ́spekt]

動 ～を疑う
名 容疑者

It was **suspected** that he was a spy.
彼はスパイだと**疑われた**。

□ 0747

invent
[ɪnvént]

動 ～を発明する、～をでっちあげる

It is said that Edison **invented** the light bulb.
エジソンが電球を**発明した**と言われている。

□ 0748

occur
[əkə́ːr]

動 起こる、生じる

It is reported that the accident **occurred** at midnight.
その事故は夜中の12時に**起こった**と報告されている。

□ 0749

perceive
[pərsíːv]

動 ～を認識する、～を知覚する、～を理解する

It is said that cats can't **perceive** color.
ネコは色を**認識する**ことができないと言われている。

名詞

□ 0750

dinosaur
[dáɪnəsɔ̀ːr]

名 恐竜

It is said that **dinosaurs** died out about 65 million years ago.
恐竜は約6,500万年前に絶滅したと言われている。

□ 0751

pity
[píti]

名 残念

It's a **pity** that you couldn't come.
あなたが来られなかったのは残念です。

□ 0752

fault
[fɔ́ːlt]

名 責任、罪、欠点

It is my **fault** that we were late.
私たちが遅刻したのは私の責任です。

□ 0753

temple
[témpl]

名 寺院

It is said that the **temple** was built 1000 years ago.
その寺院は1,000年前に建てられたと言われている。

形容詞

TRACK **28**

□ 0754

natural
[nǽtʃərəl]

形 当然の、自然な

It is **natural** that he got angry.
彼が腹を立てたのは**当然**です。

□ 0755

obvious
[á:bviəs]

形 明らかな

It is **obvious** that he is right.
彼が正しいのは**明らか**です。

□ 0756

unlikely
[ʌnláɪkli]

形 ～しそうもない

It is **unlikely** that he will come here.
彼はここには来**そうにない**。

□ 0757

fortunate
[fɔ́:rtʃənət]

形 幸運な

It was **fortunate** that the weather was fine.
天気が良かったのは**幸運**でした。

□ 0758

urgent
[ə́:rdʒənt]

形 急務の、緊急の

It is **urgent** that the law be changed.
法律の改正が**急務**です。

□ 0759

major
[méɪdʒər]

形 主要な、大きいほうの
動 専攻する

It is said that smoking is one of the **major** causes of lung cancer.
喫煙が肺がんの**主**な原因のひとつであると言われている。

第2章 名詞中心構文で覚える英単語

第3章 動詞中心構文で覚える英単語

第4章 形容詞中心構文で覚える英単語

第5章 副詞中心構文で覚える英単語

□ 0760

apparent
[əpérənt]

形 明らかな

It is **apparent** that he is angry.
彼が怒っているのは**明らか**です。

□ 0761

essential
[ɪsénʃəl]

形 (絶対) 必要な、不可欠な

It is **essential** that the bill be passed quickly.
その法案が素早く可決されることが**必要**です。

□ 0762

incredible
[ɪnkrédəbl]

形 驚くべき、信じられない

It's **incredible** that he won first prize.
彼が優勝したのは驚きだ。

□ 0763

certain
[sə́:rtn]

形 確かに、ある特定の

It is not **certain** that he will come on time.
彼が時間通りに来るのは確かではない。

□ 0764

conservative
[kənsə́:rvətɪv]

形 保守的な

It is said that the British are a **conservative** people.
イギリス人は**保守的な**国民だと言われている。

□ 0765

innocent
[ínəsənt]

形 無実の

It is clear that he is **innocent**.
彼が**無実**なのは明らかです。

第3章

動詞中心
構文で
覚える英単語

3-1 助動詞とともに覚える

　助動詞は動詞に表現の幅を待たせる働きをし、主に話し手の主観的な判断や感情を表します。基本的に助動詞は動詞の原形とともに使います。

（1）**You can do it.**
　　あなたならできます。

（2）**That can't be a UFO.**
　　あれは UFO のはずがない。

　can は「能力」と「可能性」を表します。（1）は「あなたにはそうできる能力や可能性がある」、（2）は「あれにはUFO である可能性はない」を表します。

（3）**It may snow this afternoon.**
　　午後から雪になるかもしれない。

（4）**May I use this room?**
この部屋を使ってもよろしいでしょうか。

　may は「可能性」を表しますが、その実現の可能性は
50％です。（4）は相手に断る余地を 50％残している
ことから丁寧な表現になります。

（5）**I must go on a diet.**
ダイエットしなければ。

（6）**I have to go on a diet.**
ダイエットしなければ。

　must は主観的な判断から生じる「義務」です。つまり
（5）の場合は「太り気味なのでダイエットしなければな
らない」という意味と「〜に違いない」という断定の意味
が含まれます。

一方、**have to** は客観的な判断から生じる「義務」です。たとえば、医師に肥満と診断を受けたので「ダイエットしなければ」という意味になります。

（7）**You should go right now.**
今すぐ行ったほうがよい。

　should は、**must** ほどの強制力はなく、「〜したほうがいいでしょう」に近い表現です。

（8）**It will rain soon.**
すぐに雨が降るだろう。

will は単なる未来の予想や予定を表します。

　must（〜に違いない）／**may**（〜かもしれない）／**can't**（〜のはずがない）／**should**（〜したほうがいい、〜のはずだ）には過去形がないので、過去の意味を表すときは、直後に **have** ＋過去分詞を続けます。

(1) **It must have rained this morning.**
今朝雨が降ったに違いない。

(2) **It may have rained this morning.**
今朝雨が降ったのかもしれない。

(3) **It can't have rained this morning.**
今朝雨が降ったはずがない。

(4) **It should have rained this morning.**
今朝雨が降ったはずだ。

　used to~ は、過去の規則的な習慣や状態を表し、今
はそうでないことを示します。

(5) **He used to smoke a lot.**
彼はかつてヘビースモーカーだった。

(6) **He used to be very thin.**
彼は昔とてもやせていた。

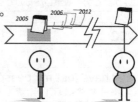

動詞

□ 0766

win
[wín]

動 (〜に) 勝つ　win - won - won

I'm sure you will **win** the game.
あなたはきっと試合に**勝ち**ますよ。

□ 0767

fail
[féɪl]

動 〜に落ちる、(〜に) 失敗する

I'm afraid I will **fail** the exam again.
また試験に**落ちる**のでは。

□ 0768

throw
[θróu]

動 〜を投げる　throw - threw - thrown

You mustn't **throw** trash on the street.
通りにごみを**投げ捨てて**はいけません。

□ 0769

carry
[kéri]

動 〜を持ち歩く、〜を運ぶ

You have to **carry** your passport all the time.
常にパスポートは**持ち歩いて**いなければいけません。

□ 0770

collect
[kəlékt]

動 〜を収集する、〜を集める

I used to **collect** stamps.
私はかつて切手**収集**したものです。

□ 0771

lose
[lúːz]

動 〜をなくす　lose - lost - lost

I may have **lost** my passport.
パスポートを**なくして**しまったかもしれません。

□ 0772

follow
[fá:lou]

動 ～に従う、～について行く

I should have **followed** his advice.
彼のアドバイスに**従う**べきでした。

□ 0773

thank
[θǽŋk]

動 ～に感謝する

I can't **thank** you enough.
お礼の申しようもありません。

□ 0774

accept
[əksépt]

動 ～を受け入れる、～を認める

I'm sorry, I can't **accept** your offer.
すみません、あなたの申し出は**受け入れられ**ません。

□ 0775

wrap
[rǽp]

動 ～を包む

Can you **wrap** it?
それを**包ん**でもらえますか。

□ 0776

reply
[rɪplái]

動 返事をする
名 返事

I should have **replied** to her sooner.
もっと早く彼女に**返事する**べきだった。

□ 0777

edit
[édət]

動 ～を編集する

She used to **edit** the New York Times.
彼女は昔、ニューヨークタイムズの**編集**をしていた。

□ 0778	
kid [kíd]	動 ～をからかう 名 子供

You must be **kidding** me.
からかっているんでしょう。

□ 0779	
lower [lóuər]	動 ～を下げる

Can you **lower** the price a little more?
もう少し値段を**下げられ**ますか。

□ 0780	
stick [stík]	動 ～を貼り付ける、～を突き刺す、つっつく stick - stuck - stuck

Can you **stick** a stamp on the envelope?
封筒に切手を**貼って**くれますか。

□ 0781	
tighten [táɪtn]	動 ～を締める、ぴんと張る

You must **tighten** your belt.
ベルトを**締め**なければいけません。→「財布の口を締める」という意味の慣用句

□ 0782	
tease [tíːz]	動 ～をからかう、～をいじめる

You mustn't **tease** him about his accent.
言葉のなまりのことで彼を**からかって**はいけません。

□ 0783	
accommodate [əkáːmədèɪt]	動 ～を収容する、～に適応させる

This stadium can **accommodate** 50,000 people.
このスタジアムは5万人を**収容できる**。

□ 0784

assure
[əʃúər]

動 ～を保証する、～を確信する

I can **assure** you that he will succeed.
彼が成功することは私が**保証します**。

□ 0785

command
[kəmǽnd]

動 (～を) 命令する
名 命令、指揮

You only have to do as I **command**.
私が**命令する**ようにするだけでよい。

□ 0786

consult
[kənsʌ́lt]

動 ～に相談する

I should have **consulted** you first.
まずあなたに**相談する**べきでした。

□ 0787

correspond
[kɔ̀:rəspɑ́:nd]

動 文通する、一致する

I used to **correspond** with a friend from India.
昔、インドの友人と**文通をして**いました。

□ 0788

distinguish
[dɪstíŋgwɪʃ]

動 ～を区別する

Can you **distinguish** butter from margarine?
バターとマーガリンの**区別**ができますか。

□ 0789

endanger
[ɪndéɪndʒər]

動 ～を危険にさらす

Smoking can **endanger** your health.
喫煙はあなたの健康を**危険にさらす**可能性がある。

□ 0790	
extend [ɪksténd]	動 〜を延長する、〜を伸ばす

Can I **extend** my stay one more night?
もう一晩宿泊を**延長** (=延泊) できますか。

□ 0791	
prove [prúːv]	動 〜を証明する

Can you **prove** your innocence?
あなたは自分の無実を**証明**できますか。

□ 0792	
refund [rɪfʌ́nd]	動 〜を払い戻す

They will **refund** the money if you return the ticket.
チケットを戻せばお金を**払い戻して** (=返金して) くれます。

□ 0793	
resume [rɪzjúːm]	動 〜を再開する

Peace talks will **resume** on Tuesday afternoon.
和平会談は火曜日の午後に**再開される**。

□ 0794	
submit [səbmít]	動 〜を提出する、服従する

You have to **submit** the report by tomorrow.
明日までにレポートを**提出し**なければいけません。

□ 0795	
substitute [sʌ́bstətjùːt]	動 〜を代用する 名 代用品

Can I **substitute** butter for margarine?
マーガリンの**代わりに**バターを使えますか。

□ 0796

yell
[jél]

動 大声を上げる
名 叫び、エール

You don't have to **yell** at me.
私に向かって**大声を上げる**必要はありません。

□ 0797

accomplish
[əká:mplɪʃ]

動 ～を達成させる、～を成し遂げる

I'm sure you can **accomplish** your goal.
あなたは目標をきっと**達成**できます。

□ 0798

comply
[kəmplái]

動 応じる、従う

I'm sorry. I can't **comply** with the request.
申し訳ありません、ご依頼には**応じ**かねます。

□ 0799

help
[hélp]

動 ～を手伝う、～を助ける、～を避ける
名 助け、援助

Will you **help** me with my homework?
宿題を**手伝って**くれる?
I can't **help** it.
避けられません (=仕方ありません)。

□ 0800

miss
[mís]

動 ～に乗り遅れる、～を見逃す

I'm afraid we'll **miss** the train.
私たちは列車に**乗り遅れる**のでは。
I'm sure you can't **miss** it.
見逃すはずがない (=必ず見つけられるはずです)

名詞

□ 0801

lack
[læk]

名 不足、欠乏
動 ～を欠いている

Lack of exercise may harm your health.
運動**不足**で健康を損なうかもしれない。

□ 0802

mistake
[məstéɪk]

名 間違い
動 ～を間違える

It must be a **mistake**.
それは**間違い**に違いない。

□ 0803

conclusion
[kənklúːʒən]

名 結論

You mustn't jump to **conclusions**.
一気に**結論**を出しては (=早合点しては) いけません。

□ 0804

distance
[dístəns]

名 距離

Can you see a mountain in the **distance**?
遠くに山が見えますか。

□ 0805

touch
[tʌtʃ]

名 連絡、接触、感触
動 ～に触れる、～を感動させる

How can I get in **touch** with you?
どうやって**連絡**を取ったらいいですか。

□ 0806

measure
[méʒər]

名 対策、程度
動 ～を測る

What safety **measures** should be taken?
どんな**安全策**が取られるべきだろうか。

☐ 0807

priority
[praɪɔ́ːrəti]

名 優先権

Customer satisfaction should be our top **priority**.
お客様の満足が最も**優先**されるべきです。

☐ 0808

childhood
[tʃáɪldhùd]

名 幼少時代

I used to go fishing in my **childhood**.
私は**幼少時代**によく釣りに行った。

☐ 0809

term
[tə́ːrm]

名 学期、期間、用語

It won't be long before the new **term** starts.
まもなく新**学期**が始まります。

☐ 0810

advertising
[ǽdvərtàɪzɪŋ]

名 広告

She used to work for a big **advertising** agency.
彼女はかつて大きな**広告**代理店に勤めていた。

☐ 0811

internet
[íntərnèt]

名 インターネット

Tickets will be available on the **internet**.
チケットは**インターネット**上で手に入ります。

☐ 0812

application
[æplɪkéɪʃən]

名 申し込み、応用

You only have to fill out the **application** form.
申込用紙に書き込むだけでいいです。

□ 0813

questionnaire
[kwèstʃənéər]

名 アンケート

Can you fill out the **questionnaire**?
アンケートを埋めてくれますか。

□ 0814

résumé
[rèzəmèi]

名 履歴書

You don't have to attach a **résumé** to your application.
申込書に**履歴書**をつける必要はありません。

□ 0815

message
[mésɪdʒ]

名 伝言

May I leave a **message**?
伝言を残してもよろしいですか。

□ 0816

debate
[dɪbéɪt]

名 討論
動 〜を討論する

We may lose the **debate**.
私たちは**討論**に負けるかもしれない。

□ 0817

discount
名 [dískaunt] 動 [dískaunt, dɪskáunt]

名 値引き、割引
動 〜を値切る

Can you give me a **discount**?
値引きしてくれますか。

□ 0818

instruction
[ɪnstrʌ́kʃən]

名 指示、教授

You only have to follow his **instructions**.
彼の**指示**に従うだけでいいです。

□ 0819

rumor

[rú:mər]

名 うわさ、風評

The **rumor** cannot be true.
その**うわさ**は本当のはずがない。

□ 0820

belief

[bɪlí:f]

名 信じること、信念

You must have **belief** in yourself.
あなたは自分自身を信じなければならない。

□ 0821

confidence

[ká:nfədəns]

名 自信

You should have more **confidence** in yourself.
自分自身にもっと**自信**を持ったほうがいい。

□ 0822

dormitory

[dɔ́:rmətɔ̀:ri]

名 寮

I used to live in a college **dormitory**.
私はかつて大学**寮**で生活していた。

□ 0823

summit

[sʌ́mɪt]

名 頂上

We will reach the **summit** before it gets dark.
私たちは暗くなる前に**頂上**に到着するでしょう。

□ 0824

agency

[éɪdʒənsi]

名 代理店、機関

I used to work as a tour guide in a travel **agency**.
私はかつて旅行**代理店**で観光ガイドとして働いていました。

□ 0825

location

[loukéɪʃən]

名 位置、場所

I can't find the exact **location** of the island.
その島の正確な**位置**を見つけられない。

□ 0826

status

[stǽtəs]

名 身分、地位

Owning a car used to be a **status** symbol.
車を所有することは、かつては**身分**を象徴するものだった。

□ 0827

beauty

[bjúːti]

名 美人、美しさ

She must have been a **beauty** when young.
彼女は若い頃は**美人**だったに違いない。

□ 0828

cashier

[kæʃíər]

名 会計係、レジ係

I used to work as a **cashier** in a bank.
私はかつて銀行の**会計係**の仕事をしていました。

□ 0829

colleague

[kάːliːg]

名 (専門職の) 同僚

She used to be my **colleague**.
彼女は私のかつての**同僚**です。

□ 0830

couple

[kʌ́pl]

名 いくつかの (a couple of)、カップル、夫婦

Can I ask you a **couple** of questions?
いくつか質問してもいいですか。

□ 0831

enemy

[énəmi]

名 敵

They used to be **enemies** with each other.
彼らはかつてはお互いに敵同士だった。

□ 0832

expert

[ékspə:rt]

名 専門家

She must be an **expert** in that field.
彼女はその分野の専門家に違いない。

□ 0833

genius

[dʒíːnjəs]

名 天才、才能

She must be a **genius** to understand the theory.
その理論を理解できるとは、彼女は天才に違いない。

□ 0834

tribe

[tráɪb]

名 種族

A Native American **tribe** used to live in the area.
アメリカ先住民の種族がかつてその地域に住んでいた。

□ 0835

asset

[æset]

名 なくてはならない人・物、資産

She will be a great **asset** to my staff.
彼女は私の従業員たちにとってなくてはならない人になるでしょう。

□ 0836

copy

[ká:pi]

名 コピー、冊、部
動 ～をコピーする

Can you make two **copies** of this?
これを2部コピーしてくれますか。

□ 0837

grocery

[gróusəri]

名 食料雑貨店

I used to work at a local **grocery** store.
私はかつて地元の食料雑貨店で働いていました。

□ 0838

pillow

[pílou]

名 枕

I can't sleep without my own **pillow**.
自分の枕がないと眠れない。

□ 0839

scissors

[sízərz]

名 ハサミ

Can you lend me your **scissors**?
ハサミを貸してくれますか。

□ 0840

stapler

[stéɪplər]

名 ホチキス

Can you lend me your **stapler**?
ホチキスを貸してくれますか。

□ 0841

thread

[θréd]

名 糸

Can you lend me a needle and **thread**?
針と糸を貸してくれますか。

□ 0842

earthquake

[ə́:rθkwèɪk]

名 地震

A big **earthquake** may happen sometime.
大きな地震がいつか起こるかもしれない。

□ 0843

bite
[báɪt]

名 ひとかじり（分の食べ物）
動 噛む

Can I have a **bite**?
一口食べてもいいですか。

□ 0844

favor
[féɪvər]

名 親切な行為、支持
動 〜を支持する

May I ask you a **favor**?
1つお願いしてもよろしいですか。

□ 0845

fireworks
[fáɪərwə̀ːrks]

名 花火

The **fireworks** will start as soon as it gets dark.
暗くなったらすぐに花火が始まります。

□ 0846

freedom
[fríːdəm]

名 自由

There used to be no **freedom** of the press.
かつて報道の自由はなかった。

□ 0847

hug
[hʌ́g]

名 抱きしめること、ハグ
動 〜を抱きしめる

Can I give you a **hug**?
抱きしめてもいいですか。

形容詞

□ 0848

another
[ənʌ́ðər]

形 別の、もう一つの
代 もう一つ、別のもの

Will you show me **another** one?
別のものを見せてくれますか。

□ 0849

careful
[kéərfl]

形 注意深い

You can't be too **careful** when you drive.
車を運転するときはいくら注意してもしすぎることはない。

□ 0850

electronic
[ɪlèktrá:nɪk]

形 電子の

Can I borrow your **electronic** dictionary?
電子辞書を借りてもいいですか。

□ 0851

extra
[ékstrə]

形 追加の、余分な
名 割増料金、特別号

There will be an **extra** charge if you check out late.
チェックアウトを遅くすると追加料金がかかります。

□ 0852

fake
[féɪk]

形 偽の

It can't be **fake** news.
それは偽ニュースのはずがない。

□ 0853

false
[fɔ́:ls]

形 ウソの

The news cannot have been **false**.
そのニュースがウソであったはずがない。

□ 0854

formal
[fɔ́:rml]

形 正式の、改まった

You should wear **formal** clothes to the party.
パーティーには**正式な**衣装を着た (=正装した) ほうがいいでしょう。

□ 0855

genuine
[dʒénjuin]

形 本物の

This must be a **genuine** Picasso.
これは**本物の**ピカソの作品に違いない。

□ 0856

loud
[láud]

形 大きい、うるさい、派手な

Can you speak in a **loud** voice?
大きな声で話してくれますか。

□ 0857

moderate
形 [má:dərət] 動 [má:dərèit]

形 適度の、穏やかな
動 ～を和らげる、和らぐ

You should do **moderate** exercise for your health.
健康のために**適度な**運動をしたほうがいいですよ。

□ 0858

nervous
[nɔ́:rvəs]

形 緊張した、神経質な

He must have been **nervous**.
彼は**緊張して**いたに違いない。

□ 0859

perfect
形 [pɔ́:rfikt] 動 [pərfékt]

形 完璧な
動 ～を完成する

Tomorrow will be **perfect**.
明日で**申し分ありません**。

□ 0860

plain

[pléɪn]

形 簡明な、明白な
名 平原 (plains)

Can you say it in **plain** English?
簡明な英語で言ってくれますか。

□ 0861

regional

[ríːdʒənl]

形 地方の

She used to work for a **regional** bank.
彼女はかつて**地方**銀行に勤めていた。

□ 0862

vacant

[véɪkənt]

形 空いている、使用されていない

We used to play soccer in the **vacant** lot.
昔、私たちは**空き**地でサッカーをしたものです。

インプット型から
アウトプット型の勉強へのスイッチ

　TOEIC試験などでハイスコアを取っていても、英語で話すことが苦手という人はたくさんいます。本書をお読みの方の中にもいらっしゃるかもしれません。

　会話力を高めるには、「インプット中心の学習法」から「アウトプット中心の学習法」に切り替える必要があります。

　インプットとは、単語や例文を覚えることも含めて、英語を読んだり聴いたりすることを指します。一方、アウトプットとは、それらを頭の中で処理しながら、英語で書いたり話したりすることをいいます。

　英語をなかなか話せるようにならない人の多くは、英語の学習がインプットに偏りがちで、アウトプットを怠っているのです。

　実はアウトプットはインプットの強化のためにも重要です。一旦脳に記憶された単語や例文などの情報は、話したり書いたりしてアウトプットすると、記憶に強く残るということが多くの脳科学者によって証明されています。

　しかし、海外に留学したり、英会話スクールに通うのはお金がかかるので現実的ではないという人もいるでしょう。

　そこで私がおすすめするのが、いつでもどこでも1人でできる「つぶやき英語学習法」です。本書に掲載したような会話に頻出する構文をパターン化して覚え、実際に口に出すことで、いつしか瞬時に英語が口から出てくるようになります。

3-2 進行形で覚える

(1) "What are you doing?"
   "I'm playing the piano."
   「何をしていますか」
   「ピアノを弾いているところです」

〈be 動詞 (am ／ is ／ are) ＋動詞の ing 形〉を現在進行形と言い、現在目の前で行われている動作の躍動感を伝える表現です。

(2) **She is being quiet today.**
今日の彼女は大人しい。

現在進行形は、普段は別として「今この瞬間〜している」というニュアンスを伝えることも可能です。(2)は**She is quiet.**「彼女は大人しい」の進行形で、**She is being quiet today.** という表現は「普段は大人しくない」ということをほのめかしています。

（3）**The bus** is stopping.

　　　バスは停まりかけている。

stop（停まる）のように瞬間的に終わる動作を表す動詞が進行形になるときは、その瞬間への接近を表します。バスや列車などの乗り物がある場所に停まっていることを表す場合は、**stop** ではなく、**stand** という動詞を使って、**The bus is standing at the bus stop.**（バスがバス停で停まっている）のように表現します。

　　現在進行形は、目の前の動作を表すだけでなく、**these days**（近頃）のような副詞を伴って習慣的な行為を表したり、**always**（いつも）などの副詞を伴って、反復的な動作に対して非難の気持ちを伝えることもできます。

（4）**He is putting on weight these days.**

彼は近頃、体重が増えてきている。

（5）**He is always eating something.**

彼はいつも何かを口にしている。

進行形と未来表現で覚える英単語

（1）**I'm leaving Japan tomorrow.**

明日、日本を発ちます。

　未来を表す副詞を伴い、主に往来発着を表す動詞が現在進行形になると、すでに決まっている予定を表し、出発の準備が整っていることを暗示させます。

（2）**I'll be leaving Japan tomorrow.**
　　　明日、日本を発ちます。

　未来進行形〈**will be ~ing**〉は、未来のある時点で「～しているでしょう」という意味で、すでに決まっている予定などを表します。この場合は「本人の意思にかかわらず、そういう手はずが整っていること」を暗示させます。

（3）**I'm going to leave Japan tomorrow.**
　　　明日、日本を発つつもりです。

（4）**It's going to rain at any moment.**
　　　今にも雨が降りそうです。

be going to do~ という表現は「〜する方向に向かっている」が原義で、(3)のように、あらかじめ決められた本人の意思を表します。この表現は(4)のように、未来の予想を表すこともできます。未来の推量を表す助動詞の will との違いは、will が単なる予想にすぎないのに対して、be going to do ~ は、確かな証拠に基づいた予想や推量を表すという点にあります。つまり、(4)の文からは、天気予報で降水の確率が高く、あたりに明らかな雨雲が垂れ込めている様子がうかがわれます。「妻は来月出産の予定です」も、My wife is going to have a baby next month. と言います。

（5）I'll leave Japan tomorrow.
　　　明日、日本を発ちます。

　発話時に決められた本人の意思を表します。たとえば、ふと「そうだ、京都へ行こう」と思い立ったなら、I'm going to go to Kyoto. ではなく、I'll go to Kyoto. となります。

（6）I am to leave Japan tomorrow.
　　　明日、日本を発つことになっています。

「**be** 動詞 **+to+** 動詞の原形」は改まった場面で使われる表現で、「〜する方向にある」が原義です。新聞記事やスケジュールなど、公に決められた予定を表す時に使います。

（7）**He was about to leave when I arrived.**
　　　私が到着したとき、彼はちょうど出るところだった。

〈**be about to+** 動詞の原形〉で「今にも〜するところだ」という、何かをする直前の行為を表します。**be going to do~** が **tomorrow**（明日）や **next week**（来週）などの時を表す副詞を伴うことができるのに対して、**be about to do~** は切迫感があるので未来の副詞を使うことはできません。

動詞

□ 0863

arrive
[əráɪv]

動 到着する

We'll soon be **arriving** at Narita Airport.
当機はまもなく成田空港に**到着**します。

□ 0864

die
[dáɪ]

動 死ぬ、枯れる

Many people are **dying** of hunger.
多くの人たちが餓えで**死**にかけている。

□ 0865

face
[féɪs]

動 ～に直面する

The world is currently **facing** the worst crisis.
世界は現在、最悪の危機に**直面している**。

□ 0866

guide
[gáɪd]

動 ～を案内する
名 案内人、指針

I'll **guide** you around the city.
街を**案内**します。

□ 0867

kill
[kíl]

動 ～をつぶす、～を殺す

I'll **kill** time by window-shopping.
ウインドーショッピングで暇を**つぶします**。

□ 0868

pick
[pík]

動 ～を迎えに行く、～を拾う

I'll **pick** you up at the airport.
空港まで車で**迎えに行きます**。

☐ 0869

sink

[síŋk]

動 沈む

The sun is about to **sink** behind the hills.
太陽が丘の向こうへ今にも**沈み**そうだ。

☐ 0870

add

[ǽd]

動 〜を加える

I'll **add** some soda to the whisky.
ウイスキーに炭酸を**加えます**。

☐ 0871

apply

[əplái]

動 応募する、出願する、〜を適用する

I'm going to **apply** for the job.
その仕事に**応募する**つもりです。

☐ 0872

bark

[bá:rk]

動 吠える

That dog is always **barking** at strangers.
その犬は知らない人を見るといつも**吠えている**。

☐ 0873

bet

[bét]

動 〜だと確信している、〜を賭ける、請け合う bet - bet - bet

I'll **bet** you can do it.
君ならできると**確信している**（=君ならきっとできるよ）。

☐ 0874

blame

[bléɪm]

動 〜の責任にする、〜を責める

Who is to **blame** for the accident?
事故の**責任**は誰に**ありますか**。

□ 0875

treat

[trí:t]

動 ～をおごる、～を扱う、～を治療する
名 もてなし、ごちそう

I'll **treat** you to dinner tonight.
今夜、夕食を**ごちそう**します。

□ 0876

rent

[rént]

動 ～を賃借りする、～を賃貸する

I'm going to **rent** an apartment.
アパートを**借りる**つもりです。

□ 0877

expect

[ıkspékt]

動 (～の到着)を待つ、～を期待する、～を予期する

I'll be **expecting** you at 3 p.m. tomorrow.
明日の午後3時に**お待ちしています**。

□ 0878

chase

[tʃéɪs]

動 ～を追いかける

He is always **chasing** girls.
彼はいつも女の子を**追いかけている**。

□ 0879

retire

[rɪtáɪər]

動 退職する、引退する

I'm going to **retire** before 60.
60歳前に**退職する**つもりです。

□ 0880

accompany

[əkʌ́mpəni]

動 ～と一緒に行く、～と同時に起こる

I'll **accompany** you to the hospital.
病院まで**ご一緒します**。

□ 0881

bleed
[blíːd]

動 出血する

Your nose is **bleeding**.
鼻から血が出ていますよ。

□ 0882

burst
[báːrst]

動 突然始まる、爆発する
burst - burst - burst

She was about to **burst** into tears.
彼女は今にも泣きだしそうだった。

□ 0883

cease
[síːs]

動 ～をやめる、終わる

The factory is to **cease** its operations next week.
その工場は来週、稼働を停止することになっている。

□ 0884

celebrate
[séləbrèɪt]

動 ～を祝う

We will be **celebrating** our 50th wedding anniversary.
50回目の結婚記念日を祝うことになっています。

□ 0885

complain
[kəmpléɪn]

動 不平を言う

He is always **complaining** about something.
彼はいつも文句ばかり言っている。

□ 0886

connect
[kənékt]

動 ～を結ぶ

The cities are to be **connected** with a freeway.
その都市は高速道路で結ばれることになっている。

□ 0887

criticize

[krítəsàɪz]

動 ~を批判する

He is always **criticizing** others.
彼はいつも他人の批判ばかりしている。

□ 0888

dump

[dʌmp]

動 ~を押し付ける、~を処分する

He's always **dumping** his work on me.
彼はいつも私に仕事を押し付けている。

□ 0889

emerge

[ɪmə́:rdʒ]

動 抜け出す、現れる

The economy is **emerging** from recession.
経済は不景気から脱してきている。

□ 0890

employ

[ɪmplɔ́ɪ]

動 ~を雇う

I'm going to **employ** him.
彼を雇うつもりです。

□ 0891

enroll

[ɪnróʊl]

動 入会（入学、加入）する（させる）

I'm going to **enroll** in an English course.
英語のコースに入会するつもりです。

□ 0892

flatter

[flǽtər]

動 ~をおだてる

He is always **flattering** his boss.
彼はいつも上司をおだてている。

□ 0893

fulfill

[fulfíl]

動 ~を実現させる、~を満たす

She is about to **fulfill** her dream.
彼女は今にも夢を**実現させ**ようとしている。

□ 0894

ignore

[ɪgnɔ́:r]

動 ~を無視する

Why is he always **ignoring** me?
どうしていつも彼は私を**無視する**のだろう。

□ 0895

imply

[ɪmplái]

動 ~をほのめかす、~を示す

Are you **implying** that I'm lying?
私が嘘をついていると**言っている**のですか。

□ 0896

inherit

[ɪnhérət]

動 ~を相続する

My son is to **inherit** the house.
息子がその家を**相続する**ことになっている。

□ 0897

inquire

[ɪnkwáɪər]

動 (~を) 聞く、(~を) 尋ねる

I'm calling to **inquire** about your company.
御社について**お聞きし**たいことがありお電話しております。

□ 0898

negotiate

[nəgóuʃièɪt]

動 交渉する

I'll **negotiate** with the employer.
雇い主と**交渉をします**。

□ 0899

outline
[áutlàɪn]

動 ～を大まかに説明する
名 概略、輪郭

I'll **outline** our project.
プロジェクトを**大まかに説明します**。

□ 0900

pray
[préɪ]

動 祈る

I'll **pray** for you.
君のために**祈っています**。

□ 0901

process
[prάːses]

動 ～を処理する
名 過程、工程

We'll be **processing** your order shortly.
まもなくご注文を**処理**したします。

□ 0902

publish
[pʌ́blɪʃ]

動 ～を出版する、～を公開する

His new book is about to be **published** next month.
彼の新しい本は来月**出版される**。

□ 0903

recruit
[rɪkrúːt]

動 ～を新規採用する
名 新入社員

The company is to **recruit** 100 new staff next year.
その会社は来年、100人のスタッフを**新規採用する**ことになっている。

□ 0904

specialize
[spéʃəlàɪz]

動 専攻する、専門にする

I'm going to **specialize** in French at college.
大学でフランス語を**専攻する**つもりです。

☐ 0905

spoil

[spɔ́ɪl]

動 ～を甘やかす

You're **spoiling** me.
すっかり**甘えちゃっています**。

☐ 0906

starve

[stáːrv]

動 お腹がぺこぺこ (be starving)、餓死する

I'm **starving**, Mom.
お母さん、お腹がぺこぺこ。

☐ 0907

supervise

[súːpərvàɪz]

動 ～を監督する

Who is to **supervise** the project?
誰がその計画を**監督する**ことになっていますか。

☐ 0908

surrender

[səréndər]

動 自首する、降参する

I'll **surrender** to the police.
警察に**自首します**。

☐ 0909

whisper

[wíspər]

動 ささやく、内緒話をする

What are they **whispering** about?
彼らは何を**こそこそ話している**のだろう。

☐ 0910

withdraw

[wɪðdrɔ́ː]

動 ～を引き出す、～を撤回する

I'll **withdraw** some money from the bank.
銀行からお金をいくらか**引き出します**。

名詞

□ 0911

goods
[gúdz]

名 商品

I'll send you the **goods** within a week.
一週間以内に商品を送ります。

□ 0912

guest
[gést]

名 客

How many **guests** are you going to invite?
何人の客を招待するつもりですか。

□ 0913

media
[mí:diə]

名 メディア、マスコミ

The **media** are to blame in large parts.
メディアに大部分の責任がある。

□ 0914

fool
[fú:l]

名 バカ、愚か者
動 ～をだます

He is being a **fool**.
彼はバカなことをしている。

□ 0915

mess
[més]

名 混乱、乱雑

He got himself into a **mess** by telling a lie.
彼は嘘をついて困ったことになった。

□ 0916

instant
[ínstənt]

名 即時
形 即座の

I'll be back in an **instant**.
すぐに戻ります。

□ 0917

minute
[mínət]

名 瞬間、分

I'll be with you in a **minute**.
すぐに行きます。

□ 0918

performance
[pərfɔ́:rməns]

名 演技、業績

I'm looking forward to his next **performance**.
彼の次の**演技**を楽しみにしています。

□ 0919

costume
[ká:stʃu:m]

名 衣装

What kind of **costume** are you wearing to the party?
パーティーにはどんな**衣装**を着て行きますか。

□ 0920

row
[róu]

名 列

She is sitting in the first **row**.
彼女は最前**列**に座っている。

□ 0921

deadline
[dédlàɪn]

名 締め切り

I'm afraid you've missed the **deadline**.
締め切りに間に合わなかったようです。

□ 0922

opportunity
[à:pərtjú:nəti]

名 機会、好機

I'm sure another **opportunity** will come.
きっと別の**機会**があります。

☐ 0923

vision

[víʒən]

名 視力、先見性

His **vision** is getting worse these days.
彼の**視力**は近頃、悪化している。

☐ 0924

agreement

[əgríːmənt]

名 同意、一致、協定

I'm sure we can reach an **agreement**.
私たちはきっと**同意**に至ることができると思います。

☐ 0925

government

[ɡʌ́vərnmənt]

名 政府

The **government** is planning tax cuts.
政府は減税を計画している。

☐ 0926

police

[pəlíːs]

名 警察

The **police** are still looking for the missing girl.
警察は行方不明の少女をまだ捜索中だ。

☐ 0927

campaign

[kæmpéin]

名 キャンペーン、組織的活動

The **campaign** is going pretty well.
その**キャンペーン**はかなりうまく行っている。

☐ 0928

ceremony

[sérəmòuni]

名 儀式

The **ceremony** is about to begin.
儀式は今にも始まるところだ。

□ 0929

representative
[rèprɪzéntətɪv]

名 代理人、代表
形 代表的な

Our **representative** will be visiting you tomorrow.
私たちの**代理人**が明日、お伺いすることになっています。

□ 0930

minister
[mínəstər]

名 大臣、牧師、聖職者

The Prime **Minister** is to visit France next week.
総理**大臣**は来週、訪仏の予定だ。

□ 0931

conference
[ká:nfərəns]

名 会議

I'm afraid I can't attend the **conference**.
あいにく**会議**に出席できません。

□ 0932

basis
[béɪsɪs]

名 原則、基礎

We'll be meeting here on a regular **basis**.
私たちは定期的にここで会うことが**原則**です (=会うことになっています)。

□ 0933

chemistry
[kéməstri]

名 化学

I'm going to study **chemistry** at college.
大学で**化学**を勉強するつもりです。

□ 0934

degree
[dɪgríː]

名 学位、度、程度

I'm going to get a **degree** in medicine.
医学の**学位**を取るつもりです。

□0935

economics

[èkəná:mɪks]

名 経済学

My son is studying **economics** at college.
息子は大学で**経済学**を勉強しています。

□0936

semester

[səméstər]

名 (2学期制の) 学期

I'm taking a French class this **semester**.
今**学期**はフランス語の授業を取っています。

□0937

examination

[ɪgzæmənéɪʃən]

名 試験

I'm sure you will pass the **examination**.
あなたはきっと**試験**に受かると思います。

□0938

session

[séʃən]

名 会議、集まり、開会

We're having a brainstorming **session** tomorrow.
明日はブレーンストーミングの**会議**があります。

□0939

allowance

[əláuəns]

名 お小遣い、手当

I'll give you an **allowance**.
あなたに**お小遣い**をあげよう。

□0940

breeze

[brí:z]

名 そよ風

A cool **breeze** is blowing from the ocean.
海から涼しい**そよ風**が吹いている。

□ 0941

famine

[fǽmɪn]

名 飢饉

Many people are dying of **famine**.
多くの人たちが**飢饉**で死にかけている。

□ 0942

horizon

[həráɪzn]

名 地平線、水平線

The sun is rising above the **horizon**.
太陽が**地平線**から昇ってきている。

□ 0943

rainforest

[réɪnfɑ̀:rəst]

名 熱帯雨林

Rainforests are disappearing quickly.
熱帯雨林が急速に消えつつある。

□ 0944

suburb

[sʌ́bə:rb]

名 郊外

I'm going to move to a **suburb** of Tokyo.
東京の**郊外**に引っ越すつもりです。

□ 0945

apartment

[əpɑ́:rtmənt]

名 アパート

We are moving to a new **apartment** next week.
来週私たちは新しい**アパート**に引っ越します。

□ 0946

court

[kɔ́:rt]

名 法廷、宮廷

He is to appear in **court** tomorrow.
彼は明日、**法廷**に現れる（=出廷する）ことになっている。

形容詞

□ 0947

special
[spéʃəl]

形 特別な
名 本日のおすすめ、特別番組

Are you doing anything **special** tonight?
今夜、**特に**何かする予定はありますか。

□ 0948

pure
[pjúər]

形 純粋な、まったくの

He is wearing a suit made from **pure** silk.
彼は**正絹**でできたスーツを着ている。

□ 0949

classical
[klǽsɪkl]

形 古典的な

I'm listening to **classical** music.
クラシック音楽を聴いています。

□ 0950

full-time
[fúltáɪm]

形 常勤の
副 常勤で

They are looking for **full-time** staff at the museum.
その博物館では**常勤の**スタッフを探している。

□ 0951

gentle
[dʒéntl]

形 穏やかな、優しい

A **gentle** breeze is coming through the windows.
窓から**穏やかな**そよ風が入ってきている。

□ 0952

latest
[léɪtɪst]

形 一番遅い、最新の

I'll be back by three at the **latest**.
遅くても3時までには戻ります。

□ 0953

modern
[mάːdərn]

形 現代の、近代的な

She is studying **modern** American literature.
彼女は**現代**アメリカ文学を勉強している。

□ 0954

modest
[mάːdəst]

形 恥ずかしがり屋の、控えめな

Why are you being so **modest**?
どうしてそんなに**恥ずかしがっている**のですか。

□ 0955

permanent
[pə́ːrmənənt]

形 永続的な、終身の

I'm looking for a **permanent** job.
私は**正社員**の仕事を探しています。

□ 0956

rural
[rúərəl]

形 田舎の、田園の

I'm looking for a house in a **rural** area.
私は**田園**地域に家を探しています。

□ 0957

spacious
[spéɪʃəs]

形 広々とした

We're moving to a **spacious** apartment next month.
私たちは来月、**広々とした**アパートに引っ越します。

□ 0958

temporary
[témpərèri]

形 一時的な、仮の

He's looking for some **temporary** work.
彼は**派遣**の仕事を探している。

（1） **I have lost my passport.**

私はパスポートをなくしてしまった。

（2） **He has gone to Europe.**

彼はヨーロッパに行ってしまった。

I lost my passport. は「私はパスポートをなくした」、**He went to Europe.** は「彼はヨーロッパに行った」という単なる過去の事実を述べているだけで、現在のことについては一切言及されていません。

現在完了形の基本形は〈**have ／ has** ＋過去分詞〉ですが、「過去にしたことを今持っている **(have)**」ことが原義で、「過去の出来事による結果が現在も続いている」ことを表し、過去と現在がつながりを持っていることを示す文です。つまり、「パスポートをなくした結果、今とても困っている」こと、「彼はヨーロッパに行った結果、今ここにはいない」ことを表しています。

（3）**She has just finished the work.**

彼女はたった今、仕事を終えたところだ。（完了）

（4）**He has been in love with Seiko since he met her.**

彼は聖子に会ってからずっと彼女に恋している。

（継続）

（5）**I have climbed Mt. Fuji once.**

私は富士山に一度登ったことがある。（経験）

（6）**He has never been to Hokkaido.**（経験）

彼は一度も北海道に行ったことがない。

（5）の文のように、**once** を文の最後に置く場合は「一度」の意味になります。**I have once climbed Mt. Fuji.** とすると「私はかつて富士山に登ったことがある」という意味になります。経験を表す完了形の否定文、つまり「一度も〜したことがない」ことを表す場合は、（6）のように、**have** や **has** の直後に **never** を置きます。

（7）**I have worked for this company for ten years.**

（8）**I have been working for this company for ten years.**

　（7）も（8）も「私はこの会社に10年間勤務している。」意味は同じですが、現在完了形の継続の意味で使われる動詞（この場合は **work**）が進行形になることができるときは、現在完了進行形〈**have ／ has + +been + ~ing**〉で表すのが自然です。（7）は状況によっては「10年間働いてきましたが、この度退社することになりました」のような文脈で使うこともできるからです。（8）のように現在完了進行形で表せば「今後も勤務するつもりである」ことを示唆することになります。

動詞

□ 0959

climb
[kláɪm]

動 ～に登る

Have you ever **climbed** Mt. Fuji?
富士山に登ったことがありますか。

□ 0960

hunt
[hʌ́nt]

動 狩りをする、～を追う

I have been **hunting** for a job for 6 months.
私は半年間仕事を探している（＝就活をしている）。

□ 0961

advance
[ədvǽns]

動 進歩する（させる）
名 進歩、前進

Computer technology has been **advancing** rapidly.
コンピュータ技術は急速に進歩している。

□ 0962

attach
[ətǽtʃ]

動 ～を添付する、～を貼り付ける

I've **attached** my résumé to this e-mail.
履歴書をメールに添付しました。

□ 0963

gain
[géɪn]

動 ～を増す、～を獲得する
名 増加、利益

I have **gained** weight recently.
最近、体重が増えた。

□ 0964

heal
[híːl]

動 治る、～を治す

The wound hasn't **healed** yet.
その傷はまだ治っていない。

□ 0965

pack
[pǽk]

動 荷造りをする、〜に荷物を積める

Have you finished **packing**?
もう**荷造り**を終えましたか。

□ 0966

progress
動 [prəgrés] 名 [prá:gres]

動 前進する、進歩する
名 前進、進歩

The work has been **progressing** steadily.
その仕事は着実に**前進している**。

□ 0967

shrink
[ʃríŋk]

動 減少する、縮む
shrink - shrank - shrunk

The town's population has been **shrinking** since 2010.
その町の人口は2010年以来ずっと**減少している**。

□ 0968

acquire
[əkwáɪər]

動 〜を得る、〜を獲得する

I have **acquired** a taste for wine recently.
私は最近、ワインの味を**覚えました**。

□ 0969

analyze
[ǽnəlàɪz]

動 〜を分析する

The data hasn't been **analyzed** yet.
データはまだ**分析されて**いない。

□ 0970

decrease
動 [dì:krí:s] 名 [dí:kri:s]

動 減る、〜を減らす
名 減少

Sales have been **decreasing** since 2019.
売り上げは2019年から**減少している**。

□ 0971

encounter

[ɪnkáʊntər]

動 ～に直面する、～を遭遇する
名 出会い

I have never **encountered** such a scene.
そのような場面に**直面した**ことがありません。

□ 0972

develop

[dɪvéləp]

動 発展（発育）する、～を発展させる

The country has been **developing** since 2010.
その国は2010年からずっと**発展している**。

□ 0973

expand

[ɪkspǽnd]

動 広がる、～を広げる、発展する

The wine industry has been **expanding** rapidly since 2015.
ワイン産業は2015年以来急激に**発展している**。

□ 0974

impose

[ɪmpóʊz]

動 ～を課す

The government has **imposed** a new tax on wine.
政府はワインに新税を**課した**。

□ 0975

increase

動 [ɪnkríːs] 名 [ínkriːs]

動 増える、～を増やす
名 増加

The number of homeless people has been **increasing**.
ホームレスの人たちが**増え続けている**。

□ 0976

respond

[rɪspáːnd]

動 答える、反応する

Have you **responded** to her e-mail?
彼女のメールに**返事をしました**か。

名詞

□ 0977

market
[má:rkət]

名 市場、相場

The stock **market** has dropped today.
今日、株式**市場**は値下がりした。

□ 0978

benefit
[bénəfɪt]

名 手当、利益
動 利益を得る

He has been on **benefit** for three months.
彼は3か月前から失業**手当**を受けている。

□ 0979

branch
[brǽntʃ]

名 支店、枝

The company has just opened a **branch** office in Kyoto.
その会社はちょうど京都に**支店**を出したところだ。

□ 0980

firm
[fə́:rm]

名 事務所、会社
形 堅い、安定した

I've been working for this law **firm** for five years.
私は5年間この法律**事務所**に勤務している。

□ 0981

industry
[índəstri]

名 産業、工業

The computer **industry** has been booming all over the world.
コンピュータ**産業**は世界中でブームになっている。

□ 0982

labor
[léɪbər]

名 労働

Labor costs have fallen by 5% in the last three years.
労働コスト(=人件費)は過去3年で5%下がった。

□ 0983

output
[áutpùt]

名 生産高、生産量

Agricultural **output** has decreased by 5%.
農業**生産量**は5%減少した。

□ 0984

personnel
[pə̀:rsənél]

名 人員

There has been a reduction in **personnel** costs of 8%.
人件費の8%が削減された。

□ 0985

retail
[rí:tèil]

名 小売り 副 小売りで
動 ～を小売りする

She has worked in **retail** for ten years.
彼女は10年前から**小売り**の仕事をしている。

□ 0986

revenue
[révənjù:]

名 歳入、財源

There has been an increase in tax **revenues**.
税収が増加している。

□ 0987

surplus
[sə́:rplʌs]

名 黒字、余剰

China's trade **surplus** has been declining since 2016.
中国の貿易**黒字**は2016年から減少している。

□ 0988

target
[tá:rgət]

名 目標

The company has reached its **target** of 10% growth.
その会社は10%の成長**目標**に達した。

□ 0989

tourism
[túərìzm]

名 観光業

Tourism has been the primary industry since 2001.
2001年から**観光業**が主な産業になっている。

□ 0990

client
[kláɪənt]

名 顧客、依頼人

She has been a **client** of this firm for ten years.
彼女は10年来、ここの会社の**顧客**です。

□ 0991

average
[ǽvərɪdʒ]

名 平均

Prices have risen 5% on **average**.
物価は**平均**5%上昇した。

□ 0992

billion
[bíljən]

名 10億

The company has lost **billions** of dollars.
会社は数**十億**ドルを損失した。

□ 0993

decade
[dékeɪd]

名 10年間

I have worked for this company for two **decades**.
私は20年間 (2×**10年間**) この企業に勤めています。

□ 0994

skill
[skíl]

名 腕前、技術

You have improved your **skill** in cooking.
あなたは料理の**腕前**を上げましたね。

□ 0995

standard
[stǽndərd]

名 基準、水準

The **standard** of living has been improving since the 1990s.
生活**水準**は1990年代から改善している。

□ 0996

trend
[trénd]

名 傾向、流行

There has been a **trend** to use fewer plastic bags.
ビニール袋の使用を減らそうとする**傾向**がある。

□ 0997

occasion
[əkéɪʒən]

名 機会、時

I have met Mr. Saito on several **occasions**.
斉藤氏には数回会ったことがあります。

□ 0998

education
[èdʒəkéɪʃən]

名 教育

She hasn't had much **education**.
彼女はあまり**教育**を受けてこなかった。

□ 0999

council
[káunsl]

名 議会、評議会

She has been on the city **council** for six years.
彼女は6年前から市**議会**にいる。

□ 1000

exercise
[éksərsàɪz]

名 運動
動 運動する

I haven't been getting much **exercise** lately.
最近はあまり**運動**をしていません。

exhibition

[èksəbíʃən]

名 展覧会、展示

Have you seen the **exhibition** yet?
その**展示**をもう見ましたか。

□ 1002

experience

[ɪkspíəriəns]

名 経験
動 ～を経験する

I have never had such an **experience**.
そのような**経験**をしたことがありません。

□ 1003

knowledge

[nά:lɪdʒ]

名 知識

To my **knowledge**, he has never been there.
私の**知る**限り、彼はそこには行ったことがない。

□ 1004

fossil

[fά:sl]

名 化石

Fossil fuel prices have been rising sharply.
化石燃料の価格は急激に上昇している。

□ 1005

fountain

[fáuntn]

名 泉

I've never seen this **fountain** before.
この**泉**は今までに見たことがない。

□ 1006

impact

[ímpækt]

名 影響、衝撃

The Internet has made an **impact** on education.
インターネットは教育に**影響**を与えてきた。

□1007

evolution
[èvəlú:ʃən]

名 進化

The **evolution** of mobile phones has been rapid.
携帯電話の**進化**は急速である。

□1008

failure
[féɪljər]

名 失敗

The reform has been a big **failure**.
その改革は大きな**失敗**に終わった。

□1009

cancer
[kǽnsər]

名 ガン

His **cancer** has spread to his liver.
彼の**ガン**は肝臓に転移した。

□1010

wheelchair
[wíːltʃèər]

名 車いす

I have been in a **wheelchair** for ten years.
私は10年前から**車いす**生活です。

□1011

destination
[dèstənéɪʃən]

名 目的地

Have you reached the **destination** yet?
目的地にもう着きましたか。

□1012

prison
[prízn]

名 刑務所

He has been in **prison** for five years.
彼は5年前から**刑務所**にいる (=拘置されている) 。

□ 1013

divorce

[dɪvɔ́:rs]

名 離婚
動 ～と離婚する

I have been thinking about **divorce**.
離婚をずっと考えています。

□ 1014

diet

[dáɪət]

名 常食、ダイエット食
動 ダイエットする

I have been on a **diet** since last month.
先月から**ダイエット**をしています。

□ 1015

form

[fɔ́:rm]

名 用紙、形
動 ～を形成する

Have you sent off your application **form**?
申込**用紙**は発送しましたか。

□ 1016

weight

[wéɪt]

名 体重、重さ

I have put the **weight** back on.
体重が戻って（=リバウンドして）しまった。

形容詞

□ 1017

several
[sévrəl]

形 いくつか (の)

I have been here **several** times.
何度かここに来たことがあります。

□ 1018

numerous
[njú:mərəs]

形 多数の、たくさんの

I have met her on **numerous** occasions.
何度も彼女に会ったことがあります。

□ 1019

past
[pǽst]

形 過去の　名 過去
前 ～を過ぎて

I've been working here for the **past** ten years.
私は過去10年間ここに勤務している。

□ 1020

bilingual
[baɪlíŋgwəl]

形 2カ国語を話せる

She has had a **bilingual** education.
彼女は2言語教育を受けてきた。

□ 1021

dead
[déd]

形 死んだ

He has been **dead** for ten years.
彼は亡くなって10年になる。

□ 1022

helpful
[hélpfl]

形 役に立つ

You've been very **helpful**.
とても助かりました。

□ 1023

close
形 [klóus] 動 [klóuz]

形 親しい、接近した
動 〜を閉める、閉じる

They have been **close** friends since childhood.
彼らは子供の頃から**親友**です。

□ 1024

fantastic
[fæntǽstɪk]

形 素晴らしい

You have done a **fantastic** job.
素晴らしい仕事をしましたね。

□ 1025

foreign
[fɔ́:rən]

形 外国の

Have you ever been to any **foreign** countries?
今まで**外国**に行ったことがありますか。

□ 1026

initial
[ɪníʃəl]

形 初めの
名 頭文字

Initial sales figures have been fantastic.
最初の売り上げ数は素晴らしい。

□ 1027

missing
[mísɪŋ]

形 見当たらない、行方不明の

My wallet has been **missing** for a week.
私の財布が1週間前から**見当たらない**。

□ 1028

lifelong
[láɪflɔ̀(:)ŋ]

形 終生の、生涯続く

Smoking has been his **lifelong** habit.
喫煙は彼の**終生**の習慣だ。

loyal

[lɔ́ɪəl]

形 忠誠心のある、誠実な

He has been **loyal** to the company for 30 years.
彼は30年間会社に**忠誠を尽くして**きた。

significant

[sɪgnífɪkənt]

形 かなりの、重要な

There has been a **significant** change in circumstances.
事情が**かなり**変わりました。

stable

[stéɪbl]

形 安定した、落ち着いた

Prices have been **stable** for the past three years.
物価は過去3年間**安定している**。

voluntary

[vá:ləntèri]

形 ボランティアの、自発的な

Have you ever done **voluntary** work for charity?
チャリティーの**無料奉仕**をしたことがありますか。

controversial

[kà:ntrəvə́:rʃəl]

形 物議をかもす、議論を呼ぶ

Abortion has been a **controversial** issue for decades.
中絶はもう何十年も**物議をかもしている**問題です。

critical

[krítɪkl]

形 危機的な

She has been in a **critical** condition for the past three days.
ここ3日間彼女は**危篤**状態です。

会話力を高めるための
本書無料音声の効果的な活用法

　リスニングの練習にあたっては、間違った発音で単語を覚えてしまわないように心がける必要があります。日本語のカタカナ英語のような発音で脳にインプットされてしまうと、実際に英文を聴いたとき、正しく認識することはできません。

　スマホやPC、電子辞書が普及した現在、「単語集などで単語を見る→日本語の意味を確認する→音声で発音を確認する→書いて覚える」という順番で学習する人が多いと思います。実際、私もこの順番の流れが最も有効だと思います。

　そこで、本書の無料音声の理想的な活用方法を紹介します。

　まずは見出し語と例文の意味を読んで確認した後で、ネイティブスピーカーの読み上げた音声を繰り返し聴きながら、自らもその音声に似せて発音練習することです。

　最初のうちは例文を見ながらでもかまいませんが、ある程度慣れてきたら、例文を見ないで耳だけを頼りに繰り返し発音するようにしましょう。これらの練習をすることによって、単語だけでなく、英語独特のリズムやイントネーションとともに、日常頻繁に使われる構文や文法事項を自然に身につけることができるようになります。

　また、この練習は1日5分や10分でもよいので、毎日継続することが重要です。通勤時間や日常生活のちょっとしたスキマ時間をうまく活用してください。

受動態の基本形

（1）**English is spoken all over the world.**
英語は世界中で話されている。

（2）**This temple was built two hundred years ago.**
この寺は 200 年前に建てられた。

　動詞の本来の目的語が主語になり「〜される」という文を受動態と呼びます。受動態と言えば、前置詞の **by** を思い浮かべる人が多いと思いますが、**by** を用いた受動態は「ある行為が誰によってなされたか」を強調する表現で、実際の受動態の文では「**by** ＋行為者」が省略されることが多いです。

　また、**be surprised at~**（〜にびっくりする）のように、**by** 以外の前置詞を使う場合も多いため、慣用句的に覚える必要があります。

　受動態の基本形を覚えましょう。

The book was read.　その本は読まれた。

The book will be read.　その本は読まれるでしょう。

The book is being read.　その本は今読まれている。

The book has been read.　その本は読まれてきた。

・**be** 動詞（**am** ／ **is** ／ **are**）＋〜過去分詞
　→「〜される」

- be 動詞（**was ／ were**）+〜過去分詞
  →「〜された」
- be 動詞（**am ／ is ／ are**）+ **being** +〜過去分詞
  →「〜されている」
- **will**（助動詞）**be** +〜過去分詞
  →「〜されるだろう」
- **have ／ has** + **been** +〜過去分詞
  →「〜されたところだ」

受動態と形容詞（ing）

（1）**I was excited by the game.**
　　私はその試合に興奮した。
（2）**It was an exciting game.**
　　それはわくわくさせる試合だった。
（3）**I was surprised at the news.**
　　私はその知らせにびっくりした。
（4）**It was surprising news.**
　　それはびっくりさせる知らせだった。

　excite（わくわくさせる）や **surprise**（びっくりさせる）などの感情を表す他動詞は、**be excited ／ be surprised** のかたちで「わくわくする」「びっくりする」の意味になり、形容詞と考えることができます。これらの動詞は **~ing** にすると、「人を〜させる」という意味の形容詞になります。

動詞

□ 1035

book
[búk]

動 ～を予約する

The hotel is fully **booked**.
そのホテルは全室予約で埋まっています。

□ 1036

produce
[prədjú:s]

動 ～を生産する、～を製造する、～を取り出す

Thousands of cars are **produced** here every year.
何千台もの車が毎年ここで生産される。

□ 1037

occupy
[ά:kjəpàɪ]

動 ～を使う、～を占有する

I'm sorry, this seat is **occupied**.
すみませんが、この席は使用中です。

□ 1038

enclose
[ɪnklóuz]

動 ～を同封する、～を囲む

My résumé is **enclosed**.
履歴書を同封します。

□ 1039

situate
[sítʃuèɪt]

動 ～にある (be situated) 、～を位置づける

The hotel is **situated** downtown.
そのホテルは商業地区にある。

□ 1040

locate
[lóukeɪt]

動 ～にある (be located) 、(人やもの) を見つける

The hotel is **located** near a subway station.
そのホテルは地下鉄の駅の近くにある。

□ 1041

forbid
[fərbíd]

動 ～を禁止する
forbid - forbade - forbidden

Photography is **forbidden** in this gallery.
写真撮影はこの画廊では**禁止されている**。

□ 1042

surround
[səráund]

動 ～を囲む

My hometown is **surrounded** by mountains.
私の故郷は山に**囲まれている**。

□ 1043

monitor
[má:nətər]

動 ～を監視する　名 モニター

The patient's temperature is carefully **monitored**.
患者の体温は注意深く**チェックされている**。

□ 1044

reverse
[rɪvə́:rs]

動 ～を覆す、～を逆にする
名 逆、裏

The decision was **reversed**.
その決定は**覆された**。

□ 1045

hit
[hít]

動 ～にぶつかる、～を打つ、～を襲う
hit - hit - hit

He was **hit** by a car on his way home.
彼は帰宅途中に車に**はねられた**。

□ 1046

suspend
[səspénd]

動 ～を中止する、～を吊るす

The game was **suspended** because of the rain.
その試合は雨のために**中止**になった。

□1047

establish
[ɪstǽblɪʃ]

動 ～を設立する

The company was **established** in 2010.
その会社は2010年に**設立された**。

□1048

found
[fáund]

動 ～を創設する、(基金で) を建てる

Our company was **founded** in 2000.
わが社は2000年に**創設された**。

□1049

delay
[dɪléɪ]

動 ～を遅らせる
名 遅れ、遅延

The flight has been **delayed**.
その便は**遅れている**。

□1050

modify
[mɑ́:dəfàɪ]

動 ～を修正する、～を和らげる

The contract has been **modified**.
その契約は**修正された**。

□1051

deceive
[dɪsí:v]

動 ～をだます

You have been **deceived**.
あなたは**だまされています**。

□1052

restore
[rɪstɔ́:r]

動 ～を修復する、～を復活させる

This castle has been **restored** three times.
この城は3回**修復されている**。

□ 1053

preserve
[prizə́:rv]

動 ～を保護する、～を保存する

The house has been **preserved** by the National Trust.
その家はナショナルトラストによって**保護されている**。

□ 1054

select
[səlékt]

動 ～を選び出す

He has been **selected** to play in the national team.
彼はナショナルチームに**選抜された**。

□ 1055

forecast
[fɔ́:rkæst]

動 ～を予報する、～を予想する
　forecast - forecast - forecast
名 予報、予想

Heavy snow has been **forecast** for tomorrow.
明日は大雪の**予報が出ている**。

□ 1056

hire
[háɪər]

動 ～を雇う、～を借りる

He has been **hired** to deal with the crisis.
彼はその危機に対処するために**雇われた**。

□ 1057

obtain
[əbtéɪn]

動 ～を得る

The information can be **obtained** online.
その情報はネットで**得られる**。

□ 1058

purchase
[pə́:rtʃəs]

動 ～を購入する
名 購入 (品)

Tickets can be **purchased** in advance.
チケットは前もって**購入する**ことができます。

257

□ 1059

detect
[dɪtékt]

動 〜を発見する、〜を見つける

This kind of cancer can be **detected** early.
この種のガンは早期に**発見**できる。

□ 1060

amend
[əménd]

動 〜を修正する、〜を改正する

The law should be **amended** to include women.
その法律は女性も含むよう**修正される**べきです。

□ 1061

broadcast
[brɔ́:dkæst]

動 〜を放送する
broadcast - broadcast - broadcast

The interview will be **broadcast** at noon tomorrow.
そのインタビューは明日の正午に**放送**されます。

□ 1062

conduct
動 [kəndʌ́kt] 名 [kɑ́:ndʌkt]

動 〜を行う、〜を指揮する、〜を案内する
名 行い

This survey will be **conducted** immediately.
この調査は直ちに**行われる**でしょう。

□ 1063

display
[dɪspléɪ]

動 〜を展示する、〜を表す

The results will be **displayed** on the noticeboard.
結果は掲示板に**載ります**。

□ 1064

launch
[lɔ́:ntʃ]

動 〜を打ち上げる、〜を進水させる、(活動)
を開始する

The space shuttle will be **launched** tomorrow.
スペースシャトルは明日**打ち上げられ**ます。

□ 1065

lease
[líːs]

動 ～を賃貸する
名 賃貸借契約

The building will be **leased** to the city.
そのビルは市に**賃貸しされる**でしょう。

□ 1066

notify
[nóutəfàɪ]

動 ～に通知する

All applicants will be **notified** of the results by e-mail.
応募者全員にはEメールで結果が**通知されます**。

□ 1067

perform
[pərfɔ́ːrm]

動 ～を行う、～を演じる、上演（演奏）する

The operation will be **performed** tomorrow.
手術は明日**行われます**。

□ 1068

ensure
[ɪnʃúər]

動 ～を保証する、～を確実にする

Measures should be taken to **ensure** their safety.
安全を**保証する**ための対策が取られるべきです。

□ 1069

construct
[kənstrʌ́kt]

動 ～を建設する

A new airport is being **constructed** in the suburbs.
新空港が郊外に**建設中**です。

□ 1070

destroy
[dɪstrɔ́ɪ]

動 ～を破壊する、～をダメにする

The world's rainforests are being **destroyed** every year.
世界の熱帯雨林は毎年、**破壊されている**。

□ 1071

exhibit
[ɪgzíbɪt]

動 ～を展示する、～を見せる

Monet's paintings are being **exhibited** in this gallery.
この画廊ではモネの絵画が**展示されている**。

□ 1072

investigate
[ɪnvéstəgèɪt]

動 ～を調査する

The cause of the accident is being **investigated**.
事故の原因が**調査されている**。

□ 1073

allow
[əláu]

動 ～を許可する

You are not **allowed** to take pictures here.
ここでは写真を撮ることは**許されて**いません。

□ 1074

force
[fɔ́ːrs]

動 ～を強制する
名 暴力、軍隊 (s)

I was **forced** to accept his offer.
私は**無理やり**彼の申し出を受け**させられた**。

□ 1075

suppose
[səpóuz]

動 ～だと思う

We are **supposed** to leave at noon.
私たちは正午に出発**することになっている**。

□ 1076

concern
[kənsə́ːrn]

動 ～を心配させる、～を関係づける
名 関心、心配

I'm **concerned** about her future.
私は彼女の将来を**心配している**。

□ 1077

aim
[éɪm]

動 〜を狙う、目指す
名 目標、狙い

This book is **aimed** at children.
この本は子供向けである。

□ 1078

build
[bíld]

動 〜を建てる　build - built - built

The school is **built** of wood.
その校舎は木造だ。

□ 1079

compose
[kəmpóuz]

動 〜を構成する、〜を作曲する

Our team is **composed** of 20 people.
私たちのチームは20人から**構成される**。

□ 1080

include
[ɪnklú:d]

動 〜を含む、〜を含める

Coffee is **included** in the price.
その値段にはコーヒーが**含まれています**。

□ 1081

absorb
[əbzɔ́:rb]

動 〜を夢中にさせる、〜を吸収する

He is **absorbed** in his work.
彼は仕事に**夢中になっている**。

□ 1082

involve
[ɪnvá:lv]

動 〜を巻き込む

He is not **involved** in this project.
彼はこの事業に**関わっていない**。

□1083

regard
[rɪgáːrd]

動 ～とみなす、～と評価する
名 配慮、尊敬、点

He is **regarded** as eccentric by many people.
彼は多くの人に変わり者と思われている。

□1084

acknowledge
[əknáːlɪdʒ]

動 ～を認める、～を確認する

English is **acknowledged** as an international language.
英語は国際言語として認められている。

□1085

rob
[ráːb]

動 ～を奪う

I was **robbed** of my wallet on the crowded train.
私は混んだ列車で財布を奪われた。

□1086

deprive
[dɪpráɪv]

動 ～を奪う

The people were **deprived** of their rights.
国民は権利を奪われた。

□1087

assign
[əsáɪn]

動 ～を割り当てる、～に配属する

A difficult task was **assigned** to him.
難しい課題が彼に割り当てられた。

□1088

donate
[dóuneɪt]

動 ～を寄付する、(臓器)を提供する

The money was **donated** to charity.
そのお金はチャリティーに寄付された。

☐ 1089

award
[əwɔ́ːrd]

動 ～を授与する、(賞)を与える
名 賞(金・品)

A special prize was **awarded** to her.
特別賞が彼女に**授与された**。

☐ 1090

commit
[kəmít]

動 ～に専念する (be committed to)、～に取り組む、～を犯す

They are **committed** to rebuilding the nation.
彼らは国の再建に**専念している**。

☐ 1091

distribute
[dɪstríbjuːt]

動 ～を配布する

Food was **distributed** to the refugees.
食糧が難民たちに**配られた**。

☐ 1092

restrict
[rɪstríkt]

動 ～を制限する

Class sizes should be **restricted** to 30 students.
クラスの規模は生徒30人に**制限される**べきです。

☐ 1093

ban
[bǽn]

動 ～を禁止する
名 禁止

He was **banned** from driving for six months.
彼は6か月間運転を**禁止された**。

☐ 1094

prohibit
[prouhíbət]

動 ～を禁止する

We are **prohibited** from smoking on campus.
私たちはキャンパスでの喫煙を**禁止されている**。

□ 1095

deduct
[dɪdʌ́kt]

動 ～を控除する

The tax will be **deducted** from your salary.
税金は給料から**控除される**でしょう。

□ 1096

derive
[dɪráɪv]

動 ～に由来する (be derived from)、～を引き出す

Many English words are **derived** from Latin.
ラテン語に**由来する**英単語は多い。

□ 1097

exclude
[ɪksklúːd]

動 ～を除外する、～を締め出す

Some of the data is **excluded** from the report.
いくつかのデータが報告書から**除外されている**。

□ 1098

remove
[rɪmúːv]

動 ～を取り除く、～を取り去る

He was **removed** from the list.
彼は一覧から**削除された**。

□ 1099

divide
[dɪváɪd]

動 ～を分ける、～を振り分ける

This book is **divided** into four chapters.
この本は4つの章に**分かれている**。

□ 1100

recycle
[rìːsáɪkl]

動 ～を再利用する

Plastic bottles can be **recycled** into many different products.
プラスチックの瓶は多くの様々な製品に**再利用する**ことができる。

□ 1101

smash
[smǽʃ]

動 ～を粉砕する、～をたたきつける

The glass was **smashed** into pieces.
ガラスは粉々に砕けた。

□ 1102

cover
[kʌ́vər]

動 ～を覆う、～をカバーする

The top of the mountain is **covered** with snow.
山頂は雪で覆われている。

□ 1103

satisfy
[sǽtəsfàɪ]

動 ～を満足させる、～を満たす

He is **satisfied** with the current situation.
彼は現状に満足している。

□ 1104

associate
動 [əsóuʃièɪt] 名 [əsóuʃiət]

動 ～を連想する、交際する
名 仲間

This brand is **associated** with high quality.
このブランドは高品質を連想させる。

□ 1105

decorate
[dékərèɪt]

動 ～を飾る

The church is **decorated** with flowers for the wedding.
教会は結婚式用に花が飾られている。

□ 1106

equip
[ɪkwíp]

動 ～を装備する、～を身につけさせる

Each room is **equipped** with video cameras.
各部屋にはビデオカメラが装備されている。

□ 1107	
feed [fíːd]	動 ～に餌を与える

These cows are mainly **fed** with corn.
これらのメウシは主にとうもろこしを**与えられている**。

□ 1108	
flood [flʌ́d]	動 ～をあふれさせる、～を氾濫させる 名 洪水

The world is **flooded** with information.
世界は情報で**あふれている**。

□ 1109	
impress [ɪmprés]	動 ～を感動させる、～を印象づける

I was **impressed** with his performance.
私は彼の演技に**感動した**。

□ 1110	
provide [prəváɪd]	動 ～を提供する、～を与える

This car is not **provided** with air bags.
この車にはエアバッグが**ついていない**。

□ 1111	
supply [səplái]	動 ～を供給 (支給) する 名 供給量

We were **supplied** with anything we needed.
私たちは必要なものは何でも**支給された**。

□ 1112	
intend [ɪnténd]	動 ～を意図する、～するつもりである

This course is **intended** for beginners.
このコースは初心者向けです。

□ 1113

praise
[préɪz]

動 ~を賞賛する

The boy was **praised** for his courage.
その少年の勇気は賞賛された。

□ 1114

punish
[pʌ́nɪʃ]

動 ~を罰する

You will be **punished** for being late.
遅刻をしたら罰せられるでしょう。

□ 1115

murder
[mə́:rdər]

動 ~を殺害する

He was **murdered** for no reason.
彼は何の理由もなく殺害された。

□ 1116

arrest
[ərést]

動 ~を逮捕する

He was **arrested** for theft.
彼は窃盗で逮捕された。

□ 1117

qualify
[kwɑ́:ləfàɪ]

動 適任である、~に資格を与える、資格がある、

He's not **qualified** for the job.
彼はその仕事に適任ではない。

□ 1118

sue
[sjú:]

動 ~に訴訟を起こす、~を訴える

The actor is being **sued** for divorce.
その俳優は離婚訴訟を起こされている。

□ 1119

interest

[íntərəst]

動 ~に興味を持たせる
名 興味、関心、利子 (s)

I'm **interested** in history.
私は歴史に興味がある。
History is an **interesting** subject.
歴史は面白い科目です。

□ 1120

surprise

[sərpráɪz]

動 ~を驚かす

You'll be **surprised** at the news.
あなたはその知らせに驚くでしょう。
It's really **surprising** to see you here.
ここであなたに会うとは本当にびっくりです。

□ 1121

amaze

[əméɪz]

動 ~をびっくりさせる

I was **amazed** at the news.
私はその知らせにびっくりした。
Your performance was really **amazing.**
あなたの演技は本当にすばらしかった。

□ 1122

please

[plíːz]

動 ~を喜ばせる

I'm **pleased** to meet you.
あなたに会えてうれしいです。
We have a **pleasing** climate here in March.
ここの3月の気候は快適です。

□ 1123

confuse
[kənfjúːz]

動 ～を困惑させる、～を混乱させる

Why are you so **confused**?
どうしてそんなに**困惑している**のですか。
The tax form is so **confusing**.
税金の書類はとても**紛らわしい**。

□ 1124

depress
[dɪprés]

動 ～を落ち込ませる、～を下落させる

Why are you so **depressed**?
どうしてそんなに**落ち込んでいる**のですか。
What a **depressing** gray sky!
何て**憂鬱な**灰色の空!

□ 1125

annoy
[ənɔ́ɪ]

動 ～をイライラさせる、～を悩ませる

Why are you so **annoyed**?
どうしてそんなに**イライラしている**のですか。
What an **annoying** fly!
もう、この**イライラする**ハエ!

□ 1126

disappoint
[dìsəpɔ́ɪnt]

動 ～をがっかりさせる

I was **disappointed** with him.
彼には**がっかりした**。
I don't want to hear **disappointing** news.
がっかりするような知らせは聞きたくない。

□ 1127

embarrass
[ɪmbérəs]

動 ~を当惑させる、~に恥をかかせる

Why are you so **embarrassed**?
どうしてそんなに当惑しているのですか。
The situation is getting **embarrassing**.
気まずい状況になってきた。

□ 1128

fascinate
[fǽsənèit]

動 ~を魅了する

I was **fascinated** with her performance.
私は彼女の演技に魅了させられた。
Paris is a **fascinating** city.
パリは魅力的な都市だ。

□ 1129

frighten
[fráitn]

動 ~をギョッとさせる、~を怖がらせる

You **frightened** me!
びっくりしたなもう!
It was the most **frightening** experience in my life.
それは私の人生で一番恐ろしい体験だった。

□ 1130

serve
[sə́:rv]

動 務める、(食べ物) を出す、~を供給する

Are you being **served**?
あなたは給仕されていますか。→ご用は承っております。
Lunch will be **served** shortly after takeoff.
離陸後まもなく昼食が出されます。

名詞

□ 1131

attack
[ətǽk]

名 発作、襲撃
動 ～を襲う、～を攻撃する

He was taken to the hospital with a heart **attack**.
彼は心臓**発作**で病院に搬送された。

□ 1132

background
[bǽkgràund]

名 背景

Pay is based on educational **background**.
給料は教育的背景 (=学歴) に基づいている。

□ 1133

biography
[baɪɑ́:grəfi]

名 伝記

A lot of **biographies** have been written about him.
彼の**伝記**はたくさん書かれています。

□ 1134

literature
[lítərətʃər]

名 文学、文献

He is interested in Japanese **literature**.
彼は日本**文学**に興味がある。

□ 1135

manuscript
[mǽnjəskrìpt]

名 原稿

The original **manuscript** has been kept in the temple.
元**原稿**はその寺で保管されてきた。

□ 1136

committee
[kəmíti]

名 委員会

I was elected chairman of the **committee**.
私は**委員会**の議長に選ばれた。

第1章 5文型で覚える英単語

第2章 名詞中心構文で覚える英単語

第3章 動詞中心構文で覚える英単語

第4章 形容詞中心構文で覚える英単語

第5章 副詞中心構文で覚える英単語

□1137

ambassador

[æmbǽsədər]

名 大使

He was appointed as **ambassador** to France.
彼はフランス**大使**に任命された。

□1138

crew

[krúː]

名 乗務員、乗組員

None of the **crew** was injured in the crash.
衝突でケガをした**乗務員**はいなかった。

□1139

experiment

名[ikspérəmənt] 動[ikspérəmènt]

名 実験
動 実験する

Experiments on animals should be banned.
動物**実験**は禁止されるべきです。

□1140

function

[fʌ́ŋkʃən]

名 機能、役割
動 機能する

This room can be used for many types of **functions**.
その部屋は多**目的**に利用できる。

□1141

countryside

[kʌ́ntrisàid]

名 田舎、田園

I was born and brought up in the **countryside**.
私は**田舎**で生まれ育った。

□1142

insect

[ínsekt]

名 昆虫

Ants are called social **insects**.
アリは社会性**昆虫**と呼ばれる。

□ 1143

microscope
[máɪkrəskòup]

名 顕微鏡

It can be seen only under the **microscope**.
それは**顕微鏡**でしか見られない。

□ 1144

virus
[váɪrəs]

名 ウイルス

This computer is infected with a **virus**.
このコンピュータは**ウイルス**に感染している。

□ 1145

response
[rɪspá:ns]

名 返答、反応

I was amazed at his quick **response**.
彼の素早い**返答**にびっくりした。

□ 1146

quantity
[kwá:ntəti]

名 量

A large **quantity** of gold was found on the island.
その島で**大量**の金が発見された。

□ 1147

minority
[mənɔ́:rəti]

名 少数派、少数民族

Only a **minority** of people are satisfied with the result.
ごく**少人数**の人しかその結果に満足していない。

□ 1148

moment
[móumənt]

名 瞬間、一瞬

I'm tied up at the **moment**.
今は手がふさがっています。

□ 1149

quarter

[kwɔ́:rtər]

名 四半期、4分の1

The database will be updated every **quarter**.
データベースは**四半期**ごとに更新されるだろう。

□ 1150

century

[séntʃəri]

名 世紀

The castle was built in the 17th **century**.
その城は17**世紀**に建てられた。

□ 1151

variety

[vəráɪəti]

名 多様、種類

A **variety** of vegetables are grown in this area.
様々な野菜がこの地域で栽培されている。

□ 1152

range

[réɪndʒ]

名 範囲、幅
動 及ぶ、並べる

A wide **range** of services will be offered.
広範囲のサービスが提供されるだろう。

□ 1153

banquet

[bǽŋkwət]

名 宴会

The **banquet** will be held in this room tonight.
今夜、この部屋で**宴会**が行われます。

□ 1154

buffet

[bəféɪ]

名 ビュッフェ、バイキング式の食事

Dinner will be served **buffet** style.
夕食は**ビュッフェ**形式で出されます。

☐ 1155

portion

[pɔ́ːrʃən]

名 一部、一人前

The cake was cut into six small **portions**.
ケーキは6人分に小さく切られた。

☐ 1156

flour

[fláuər]

名 小麦粉

Bread is made from **flour**.
パンは小麦粉で作られる。

☐ 1157

refreshment

[rɪfréʃmənt]

名 軽食、気分一新

Refreshments will be served during the flight.
フライトの間に軽食が出されます。

☐ 1158

cash

[kǽʃ]

名 現金

Payments must be made in **cash**.
支払いは現金でなければならない。

☐ 1159

fee

[fíː]

名 謝礼、手数料

Tuition **fees** must be paid in advance.
授業料は前払いでなければならない。

☐ 1160

wage

[wéɪdʒ]

名 賃金

The employees are paid low **wages**.
従業員たちの賃金は安い。

□1161

vehicle

[víːəkl]

名 乗り物、手段

Vehicles are not allowed to park here.
乗り物の駐車はここでは禁止です。

□1162

transit

[trǽnsət]

名 輸送、通過

My luggage was lost in **transit**.
私の手荷物は輸送中になくなった。

□1163

jam

[dʒǽm]

名 混雑
動 ～を詰め込む

I was caught in a traffic **jam**.
私は交通渋滞に遭った。

□1164

excursion

[ɪkskə́ːrʒən]

名 遠足

The **excursion** will be canceled if it rains tomorrow.
明日雨が降れば遠足は中止になるだろう。

□1165

voyage

[vɔ́ɪɪdʒ]

名 航海

Life is often compared to a **voyage.**
人生はよく航海にたとえられる。

リスニング力を伸ばすには
まずは短文から

　リスニング力を伸ばすためには、いきなり長い英語を聴こうとしてはいけません。まずは短い文で練習をします。本書に収録している例文はいずれも短く、リピーティング練習を想定してナチュラルスピードで音声を収録していますので、リスニングの練習にも最適です。

　例文の意味を理解できたら、なるべく例文を見ないで、耳だけを頼りにします。大事なのは、ただ聴くのではなく、聴いた後も文を見ずに自分で繰り返し口に出してみることです。

　このとき、何度聴いても繰り返せない部分があれば、そこが聴き取れていないということになります。そこで、英文を再度読んでから、もう一度聴いて確認します。それによって、今まで視覚で理解していても耳から入ってくると理解できないものがたくさんあることに気づくのです。

　英語圏の映画やドラマ、アニメなどを観ながら楽しくリスニング力を身につけたいという方は、DVDやブルーレイなら日本語字幕以外に英語字幕もついており、切り替えも簡単なので、自学には最適です。「これは使える!」と思ったセリフがあれば、ぜひ何度でも口に出して覚えてしまいましょう。

　この繰り返し(リピーティング)は、リスニング力だけでなく、会話力の向上にもつながります。日本のドラマやアニメにハマり、これらを使って日本語をマスターしてしまったという外国人がたまにいますが、まさに同じことです。

3-5 仮定法で覚える

現実的な遠さ

（1）**I wish I was（= were）young.**
　　若かったらなあ。

　過去形は現在から離れた「時間的な遠さ」だけでなく、「現実的な遠さ」、つまり「非現実の世界」も表します。たとえば、**I was young.**（私は若かった）は「現在の私は若くない」という非現実の世界を表す表現でもあります。このように、現実の世界を仮定する仮定法には過去形が使われます。

距離的な遠さ

（2）**Could you open the window?**
　　窓を開けていただけますか。

（3）**I'd like a coffee, please.**
　　コーヒーをお願いします。

過去形は「時間的な遠さ」だけでなく、「距離的な遠さ」も表します。この場合、改まった場面で相手との間に距離を置くことによって、丁寧さを示すことになります。（3）の **I'd like ～**の「**'d**」は、**will** の過去形の **would** の短縮形です。**I want to eat pasta.** なら「パスタが食べたい」という直接的な願望ですが、**I'd like to eat pasta.** なら「（もしできれば）パスタが食べたいのですが」というニュアンスになります。

（4）**If I had one million yen, I could buy this watch.**

もし100万円あったら、この時計を買えるのだが。

「今、100万円を持っていないので、この時計を買うことができない」という現実の世界を仮定する文です。**have** と **can** は、それぞれ過去形で表されています。**could** の代わりに **would** を使えば、「この時計を買うのだが」という意思を表します。**If it rains tomorrow, I'll stay home.**（もし明日雨が降れば家にいます）のように、単なる未来の予想なら、過去形ではなく現在形で表します。仮定法は現実の世界の仮定を表すので、今雨が降っている状態を踏まえた上で、**If it wasn't raining, I would go out.**（今雨が降っていなかったら、外出するのだが）のように表現するのが仮定法です。

動詞

□ 1166

borrow

[bá:rou]

動 〜を借りる

I'd like to **borrow** this book.
この本を**お借り**したいのですが。

□ 1167

cancel

[kǽnsl]

動 〜を取り消す

I'd like to **cancel** my reservation.
予約を**取り消し**たいのですが。

□ 1168

exchange

[ɪkstʃéɪndʒ]

動 〜を交換する
名 交換、両替

I'd like to **exchange** some money.
両替をしたいのですが。

□ 1169

invite

[ɪnváɪt]

動 〜を招待する、〜に勧める

I'd like to **invite** you to the party.
あなたをパーティーに**招待**したいのですが。

□ 1170

join

[dʒóɪn]

動 〜に参加する、〜をつなぐ

I'd like to **join** this tour.
このツアーに**参加**したいのですが。

□ 1171

reserve

[rɪzə́:rv]

動 〜を予約する

I'd like to **reserve** a seat on this train.
この列車の席の**予約を**したいのですが。

□ 1172

charge

[tʃɑ́ːrdʒ]

動 ～のつけにする、～を請求する、～を充電する、～を非難する
名 料金、つけ

Could you **charge** the bill to my room?
料金を私の部屋に**つけて**いただけますか。

□ 1173

direct

[dərékt] 形 [dáɪrekt]

動 ～に道を教える、～を監督する
形 直接の、まっすぐな

Could you **direct** me to the nearest station?
最寄りの駅までの**道順を教えて**いただけますか。

□ 1174

repeat

[rɪpíːt]

動 （～を）繰り返す

Could you **repeat** what you said?
おっしゃったことを**繰り返して**いただけますか。

□ 1175

track

[træk]

動 ～を追跡する
名 足跡、軌道、走路

Could you send me the **tracking** number for the shipment?
発送の**追跡**番号を送っていただけますか。

□ 1176

trade

[tréɪd]

動 ～を交換する、～を取引する
名 貿易、商売

Would you mind **trading** seats?
席を**替えて**いただけますか。

□ 1177

translate

[trǽnsleɪt]

動 ～を翻訳する

Would you mind **translating** it into English?
それを英語に**翻訳して**いただけますか。

□ 1178

disappear

[dìsəpíər]

動 消える

I wish I could **disappear**.
できればこの場から消え去りたい。

□ 1179

earn

[ɚ́ːrn]

動 ～を稼ぐ

I wish I could **earn** more money.
もっとお金を稼げたらなあ。

□ 1180

fight

[fáɪt]

動 ケンカをする、戦う
　fight - fought - fought
名 ケンカ、戦い

I wish they would stop **fighting**.
彼らがケンカをやめてくれるといいのだが。

□ 1181

sail

[séɪl]

動 航海する
名 帆

I wish I could **sail** around the world.
世界中を航海できたらなあ。

□ 1182

achieve

[ətʃíːv]

動 ～を達成する、～を成し遂げる

Without his support, I couldn't **achieve** the goal.
彼の支援がなければ私は目標を達成できないでしょう。

□ 1183

attain

[ətéɪn]

動 ～を達成する、～を成し遂げる

Without your help, I couldn't **attain** my aim.
あなたの援助がなければ私は目標を達成できないでしょう。

□ 1184

exist
[ɪgzíst]

動 存在する

Without air and water, nothing alive would **exist**.
空気と水がなければどんな生物も**存在**しないだろう。

□ 1185

behave
[bɪhéɪv]

動 ふるまう

A wise person would not **behave** like that.
賢い人ならそんな**ふるまい**はしないでしょう。

□ 1186

generate
[dʒénərèɪt]

動 ～を生み出す、～を作り出す

The project would **generate** a lot of jobs.
その計画はたくさんの雇用を**生み出す**だろう。

名詞

□ 1187

adult
[ədʌ́lt]

名 大人、成人

I'd like two **adults**, please.
大人2枚お願いします。

□ 1188

aisle
[áɪl]

名 通路側

I'd like an **aisle** seat, please.
通路側の席をお願いします。

□ 1189

bill
[bíl]

名 勘定、請求書、法案

I'd like the **bill**, please.
お勘定をお願いします。

□ 1190

receipt
[rɪsíːt]

名 領収書

I'd like a **receipt**, please.
領収書をお願いします。

□ 1191

extension
[ɪksténʃ ən]

名 内線、延長、拡大

Hello, I'd like **extension** 202, please.
もしもし、内線の202番をお願いします。

□ 1192

view
[vjúː]

名 眺め、見方、意見

I'd like a room with an ocean **view**.
海が眺める部屋をお願いします。

□1193

dessert

[dɪzə́ːrt]

名 デザート

What would you like for **dessert**?
デザートに何をお召し上がりになりますか。

□1194

account

[əkáunt]

名 口座、報告書
動 説明する、占める (for)

I'd like to open a bank **account**.
銀行**口座**を開設したいのですが。

□1195

insurance

[ɪnʃúərəns]

名 保険

I'd like to cancel my life **insurance**.
生命**保険**の解約をお願いしたいのですが。

□1196

credit

[krédɪt]

名 信用

Would you like to pay by **credit** card?
お支払いは**クレジット**カードでよろしいですか。

□1197

energy

[énərdʒi]

名 エネルギー、元気

I wish I had as much **energy** as you.
あなたと同じくらいの**エネルギー**があったらなあ。

□1198

strength

[stréŋkθ]

名 力、体力、強み

I wish I had your **strength**.
あなたのような**体力**があればいいのだが。

□ 1199

courage

[kə́:rɪdʒ]

名 勇気

I wish I had the **courage** to tell the truth.
真実を言える勇気があればなあ。

□ 1200

department

[dɪpáːrtmənt]

名 部門、課、売り場

Could you put me through to the sales **department**?
販売部門につないでいただけますか。

□ 1201

detail

[díːteɪl]

名 詳細

Could you explain it in **detail**?
詳細にご説明いただけますか。

□ 1202

survey

名 [sə́rveɪ] 動 [sərvéɪ]

名 調査
動 ～を調査する

Would you mind answering a simple **survey**?
簡単な調査にお応え願えますでしょうか。

□ 1203

address

[ədrés]

名 住所、演説
動 ～に宛先を書く、～に話しかける

Would you mind telling me your e-mail **address**?
Eメールアドレスを教えていただけますか。

□ 1204

budget

[bʌ́dʒət]

名 予算

With a little more **budget**, I could buy the camera.
もう少し予算があれば、そのカメラを買えるのだが。

□ 1205

effort

[éfərt]

名 努力

With a little more **effort**, he could succeed.
もう少し**努力**すれば彼は成功できるのだが。

□ 1206

electricity

[ɪlèktrísəti]

名 電気

Without **electricity**, our modern life would be impossible.
電気がなければ現代生活は不可能だろう。

□ 1207

brain

[bréɪn]

名 頭脳、秀才

If he had any **brains**, he wouldn't ask such a silly question.
彼に**頭脳**があればそんな愚かな質問はしないでしょう。

□ 1208

oxygen

[á:ksɪdʒən]

名 酸素

No one could live without **oxygen**.
酸素がなければ誰も生きていけない。

形容詞

□ 1209

domestic

[dəméstɪk]

形 国内の、家庭内の

Which would you like, **domestic** or imported?
国産と輸入もののどちらがよろしいでしょうか。

□ 1210

medium

[mí:diəm]

形 中間の、普通の
名 媒体、情報伝達手段

I'd like my steak **medium**.
ステーキはミディアムでお願いします。

□ 1211

reasonable

[rí:znəbl]

形 手ごろな、道理にかなった

If the price was **reasonable**, I would buy it.
値段が**手ごろ**なら買うのだが。

□ 1212

specific

[spəsífɪk]

形 具体的な

I wish you would be more **specific**.
もっと**具体的**に言ってもらえるとありがたいです。

第4章

形容詞中心構文で
覚える英単語

　比較表現は、名詞を他の名詞と比べて、どういう状態にあるかを表します。次の基本形をしっかり頭に入れましょう。

（1）**The house is as small as a matchbox.**

　　その家はマッチ箱のように小さい。

　　「**as ～（形容詞）as...**」＝「**...** と同じくらい～です」

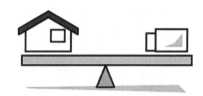

（2）**The house is smaller than a matchbox.**

　　その家はマッチ箱より小さい。

　　「**～比較級 than ...**」＝「**...** より～です」

smaller

（3）**That is the highest（the most beautiful）mountain in the world.**

それは世界で一番高い（美しい）山です。

「**the ～最上級 +... 名詞**」＝「一番～な ...」

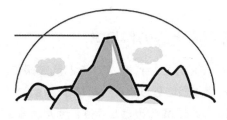

（4）**That is higher（more beautiful）than any other mountain in the world.**

それは世界の他のどんな山より高い（美しい）。

「**～比較級 +than any other ...（単数形の名詞）**」＝「他のどんな ... より～です」

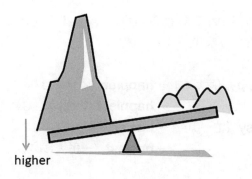

higher

（4）は（3）と同じ意味です。他に同じ意味の表現として、**No other mountain is higher than that in the world.**（世界でそれより高い山は他にない）や、**No other mountain is as high as that in the world.**（世界でそれほど高い山は他にない）などがあります。

比較級と最上級の作り方

原級（元の形）に「**er**」をつけると比較級に、「**est**」をつけると最上級になります。ただし、「**e**」で終わっている単語には **r** と **st** のみとします。また、最上級の時は **the** をつけます。

- **short**（短い） → **shorter**（より短い）
  → **shortest**（一番短い）
- **large**（大きい） → **larger**（より大きい）
  → **largest**（一番大きい）

「子音 **+y**」で終わる場合は、**y** を **i** に変えて、**er** と **est** をつけます。

- **happy**（幸せな） → **happier**（より幸せな）
  → **happiest**（一番幸せな）
- **busy**（忙しい） → **busier**（より忙しい）
  → **busiest**（一番忙しい）

　語尾が「短母音＋子音」の場合は、最後の子音を重ねて **er** と **est** をつけます。

・**hot**（熱い・暑い）→ **hotter**（より熱い・暑い）
　　　　　　　　　　→ **hottest**（一番熱い・暑い）
・**big**（大きい）　→ **bigger**（より大きい）
　　　　　　　　　　→ **biggest**（一番大きい）

　beautiful（美しい）のように比較的長い単語は、**more beautiful**（より美しい）、**most beautiful**（一番美しい）のように、比較級は **more**、最上級は **most** を直前に置きます。

・**difficult**（難しい）→ **more difficult**（より難しい）
　　　　　　　　　　　→ **most difficult**（一番難しい）
・**famous**（有名な）→ **more famous**（より有名な）
　　　　　　　　　　　→ **most famous**（一番有名な）

She is becoming more and more beautiful.
　　　彼女はますます美人になってきた。

　上の文のように、同じ比較級を **and** で結びつけると、「ますます〜」や「だんだん〜」の意味になります。

形容詞

 ))) TRACK **43**

□ 1213

other
[ʌ́ðər]

形 他の
代 別のもの、別の人

This is higher than any **other** mountain in Japan.
これは日本の**他の**どんな山よりも高い。

□ 1214

possible
[pɑ́:səbl]

形 可能な

I'll come as soon as **possible**.
できるだけ早く行きます。

□ 1215

usual
[jú:ʒuəl]

形 いつもの、普段の

I'm busier today than **usual**.
今日は**いつも**より忙しい。

□ 1216

bright
[bráɪt]

形 頭の良い、明るい

She is the **brightest** student I've ever taught.
彼女は今まで教えた中で一番**頭の良い**生徒です。

□ 1217

solar
[sóulər]

形 太陽の

What is the largest planet in the **solar** system?
太陽系で最も大きな惑星は何ですか。

□ 1218

urban
[ə́:rbən]

形 都会の

More and more Americans are moving to **urban** areas.
ますます多くのアメリカ人が**都会**に移っている。

□ 1219

accurate
[ǽkjərət]

形 正確な

Your watch is more **accurate** than mine.
あなたの時計の方が私の時計より**正確**です。

□ 1220

advanced
[ədvǽnst]

形 進歩した、高等な

What is the most **advanced** country in Asia?
アジアで最も**進歩した**国はどこですか。

□ 1221

common
[kά:mən]

形 ありふれた、共通の

What is the most **common** surname in Japan?
日本で一番**よくみられる**名字は何ですか。

□ 1222

complicated
[kά:mpləkèitid]

形 複雑な

Things are becoming more and more **complicated**.
事態はますます**複雑**になってきた。

□ 1223

economical
[èkənά:mikl]

形 経済的な、無駄のない

What is the most **economical** way to get to Paris?
パリへ行く一番**経済的な**方法は何ですか。

□ 1224

flexible
[fléksəbl]

形 柔軟性のある

Flexible work hours are becoming more and more common.
柔軟性のある労働時間（＝フレックスタイム制）はますます一般化してきている。

□ 1225

notable
[nóutəbl]

形 注目すべき、顕著な

What is the most **notable** achievement of the project?
そのプロジェクトが果たした最も**注目すべき**業績は何ですか。

□ 1226

precious
[préʃəs]

形 大切な、貴重な

Health is more **precious** than wealth.
健康は財産よりも**大切**である。

□ 1227

promising
[prá:məsɪŋ]

形 前途有望な

He is one of the most **promising** employees.
彼は最も**前途有望な**社員の一人だ。

□ 1228

valuable
[vǽljuəbl]

形 大切な、高価な
名 貴重品 (valuables)

Which is more **valuable**, time or money?
時間とお金のどちらの方が**大切**ですか。

□ 1229

successful
[səksésfl]

形 成功した

It was the most **successful** event we'd ever had.
それは私たちが経験したイベントの中で一番**うまくいった**。

□ 1230

talented
[tǽləntɪd]

形 才能のある

He's one of the most **talented** actors I've ever seen.
彼は私が今まで見た中で一番**才能がある**俳優です。

□ 1231

comprehensive
[kà:mprɪhénsɪv]

形 包括的な、総合的な

The report should be as **comprehensive** as possible.
報告書はできるだけ**包括的**であった方がいいでしょう。

□ 1232

concise
[kənsáɪs]

形 簡潔な

Your answers should be as **concise** as possible.
あなたの答えはできるだけ**簡潔な**ほうがいいでしょう。

□ 1233

congested
[kəndʒéstɪd]

形 混雑した、密集した

The road is more **congested** today than yesterday.
今日の道路は昨日より**混雑している**。

□ 1234

authentic
[ɔːθéntɪk]

形 本格的な、本物の

This is the most **authentic** French food I've ever had.
これは私が今まで食べたフランス料理で一番**本格的な**ものです。

□ 1235

effective
[ɪféktɪv]

形 効果的な、効力のある

His method is more **effective** than mine.
彼の方法は私の方法より**効果的**だ。

名詞

□ 1236

climate
[kláɪmət]

名 気候

The global **climate** is becoming warmer and warmer.
地球の**気候**はますます暖かくなっている。

□ 1237

creature
[krí:tʃər]

名 生き物

This is the strangest **creature** I've ever seen.
これは私が今まで見た中で一番奇妙な**生き物**です。

□ 1238

crop
[krá:p]

名 収穫高、作物

The rice **crop** last year was the worst in ten years.
昨年の米の**収穫高**は10年間で最悪でした。

□ 1239

desert
[dézərt]

名 砂漠

What is the largest **desert** in the world?
世界で一番大きな**砂漠**はどこですか。

□ 1240

planet
[plǽnət]

名 惑星

Saturn is the second largest **planet** after Jupiter.
土星は木星に次いで二番目に大きな**惑星**です。

□ 1241

wildlife
[wáɪldlàɪf]

名 野生生物

What is the largest **wildlife** sanctuary in the world?
世界の**野生生物**保護区の中で一番広いのはどこですか。

□1242

agriculture
[ǽgrɪkÀltʃər]

名 農業

Agriculture is the most important industry in this country.
農業はこの国で最も重要な産業です。

□1243

fuel
[fjúːəl]

名 燃料

Coal is one of the cheapest **fuels** in the world.
石炭は世界で最も安価な燃料の一つです。

□1244

ingredient
[ɪngríːdiənt]

名 材料、成分

I use only the finest **ingredients** in my cooking.
私の料理には最良の材料しか使っていません。

□1245

corporation
[kɔ̀ːrpəréɪʃən]

名 企業

This is one of the biggest **corporations** in the world.
これは世界の最大企業の1つです。

□1246

laptop
[lǽptàːp]

名 ノートパソコン

This **laptop** is thinner and lighter than mine.
このノートパソコンは私のより薄くて軽い。

□1247

production
[prədÁkʃən]

名 製造、生産

Spain has the third largest **production** of wine in the world.
スペインはワイン製造が世界で3番目に多い。

□ 1248

quality
[kwá:ləti]

名 質

Which one is better in **quality**?
質が良いのはどっちですか。

□ 1249

substance
[sʌ́bstəns]

名 物質

What is the hardest **substance** on earth?
地球上で最も固い**物質**は何ですか。

□ 1250

wealth
[wélθ]

名 財産、富

Health is more important than **wealth**.
健康は**財産**よりも重要です。

□ 1251

appliance
[əpláɪəns]

名 器具、道具

Household **appliances** are becoming more convenient.
家庭**用品**はますます便利になってきた。

□ 1252

state
[stéɪt]

名 州、国家、状態

New York **State** is as large as England.
ニューヨーク**州**はイングランドと同じくらいの大きさです。

□ 1253

situation
[sìtʃuéɪʃən]

名 状況

The **situation** is worse than I thought.
状況は思った以上に悪い。

□ 1254

factor
[fǽktər]

名 要因

What is the most important **factor** in your decision?
あなたの決断で一番重要な要因は何ですか。

□ 1255

landmark
[lǽndmɑ̀ːrk]

名 目印となるもの (=ランドマーク)、画期的な出来事

What is the most famous **landmark** in Tokyo?
東京で一番有名なランドマークは何ですか。

□ 1256

latter
[lǽtər]

名 後者
形 後者の

The **latter** seems better than the former.
後者は前者よりも優れているようです。

□ 1257

leisure
[líːʒər]

名 娯楽

Pachinko is the most popular **leisure** activity in Japan.
日本ではパチンコが最も人気のある娯楽活動です。

□ 1258

sentence
[séntns]

名 文
動 ～を宣告する

Make the **sentences** as short as possible.
文章をできるだけ短くしなさい。

□ 1259

statue
[stǽtʃuː]

名 像

The **statue** is as tall as my height.
その像は私の身長と同じ高さです。

□ 1260

truth

[trú:θ]

名 事実、真実

Truth is stranger than fiction.
事実は小説より奇なり。

□ 1261

disaster

[dɪzǽstər]

名 災害、惨事

It was the worst **disaster** in history.
それは史上最悪の災害だった。

□ 1262

candidate

[kǽndədèɪt]

名 候補者

She is the best **candidate** of the three.
彼女は3人の中で一番良い候補者です。

□ 1263

critic

[krítɪk]

名 批評家

He is one of the most influential **critics** in Japan.
彼は日本で最も影響力のある批評家の一人です。

□ 1264

male

[méɪl]

名 オス、男性

The **male** is bigger than the female.
そのオスはメスよりも大きい。

□ 1265

opponent

[əpóunənt]

名 対戦相手、敵

My **opponent** was much younger than me.
私の対戦相手は私よりずっと若かった。

英文を書くことで
会話力を身につける

　スピーキングとライティングの違いは、前者が口を使って言葉を音声化するのに対し、後者は手を使って言葉を文字化するという点にあります。

　また、スピーキングは基本的に相手がいるので瞬時の反応が求められますが、ライティングはじっくり時間をかけることができます。

　したがって、スピーキングが苦手な人は、まずライティングから始めることをおすすめします。

　具体的には、文法の解説が載っている自分のレベルや好みに合った本を選び、1つの項目を学ぶごとに、その文法を用いた英作文にチャレンジするのです。

　「英作文」というと難しく感じるかもしれませんが、例文を少し変えてみるだけでも大いに勉強になります。

　ライティングは時間をかけることができるので、腰を据えて英語に取り組みたい人向けの勉強法と言えるでしょう。

　ある程度、英語を書けるようになったら、今度は自分の言いたいことを英語にする練習をします。

　一番手っ取り早いのは日記を英語で書くことです。1日1行や2行でいいので、毎日書き続けることがポイントです。ただし、間違った英文を書かないよう、本書のような例文が載った単語集や日常会話フレーズ集を手元に置いておきましょう。

　そして、自分の書いた英文を実際に口に出してみましょう。これも会話の練習になります。

（1）**"Do you have any plans for this weekend?"**
　　　"No, nothing special."
　　　「今週末は何か予定はありますか」
　　　「いいえ、特にありません」

　基本的に形容詞が単独で名詞を修飾する場合は、**an interesting book**（興味深い本）のように名詞の直前に置きますが、**something / anything / nothing** などは例外で、**something cold**（冷たいもの）や **Anything else?**（他に何かありますか？）のように、一語でも後ろに置きます。

（2）**This is a watch made in Japan.**
　　　これは日本製の腕時計です。

（3）**Look at the man swimming in the lake.**
　　　湖で泳いでいる男の人を見て。

（4）**Give me something** to drink.
何か飲み物をください。

（5）**I have a dream** to become a pilot.
私にはパイロットになるという夢がある。

（6）**It's time** to start working.
仕事を始める時間です。

　形容詞は複数の語句で名詞を修飾する場合、**a bucket full of water**（水で一杯のバケツ）のように、基本的に「名詞の直後に置く」というルールがあります。この用法で特に多いのが、形容詞が過去分詞と現在分詞の場合です。（2）の文は、**This is a watch.** と **The watch is made in Japan.** という 2 つの文を 1 つで表したもの、（3）の文は、**Look at the man.** と **The man is swimming in the lake.** という 2 つの文を 1 つで表したものです。

　さらに、（4）から（6）のように、**to** 不定詞が名詞の直後に置かれて形容詞の働きをするものもあります。（5）は、**to become a pilot** が **a dream** の具体的な内容を、（6）は **to start working** が **time** の具体的な内容を表しています。特に、**It's time to do~** は「さあ、～する時間です」と行為を促す際に役に立つ表現です。

動詞

□ 1266

flow
[flóu]

動 流れる、注ぐ
名 流れ

The river **flowing** through our town is beautiful.
私たちの町を**流れる**川は美しい。

□ 1267

feature
[fí:tʃər]

動 ～を主演とする、～を特徴とする
名 特徴、顔立ち (features)

This is a movie **featuring** Robert De Niro.
これはロバート・デ・ニーロを**主演とする**映画です。

□ 1268

link
[líŋk]

動 ～をつなぐ、～を結びつける
名 関連、つながり

This is a bridge **linking** this island to the mainland.
これはこの島を本土と**つなぐ**橋です。

□ 1269

manufacture
[mǽnjəfǽktʃər]

動 ～を製造する、～を生産する
名 製造、生産

He works for a company **manufacturing** healthy foods.
彼は健康食品を**製造する**会社に勤めている。

□ 1270

represent
[rèprɪzént]

動 ～を代表する

Please write the name of the person **representing** the group.
グループの**代表者**の名前を書いてください。

□ 1271

border
[bɔ́:rdər]

動 ～と国境を接する
名 境界線、国境

This is the area **bordering** France.
ここはフランスと**国境を接する**地域です。

□ 1272

stare
[stéər]

動 (〜を)じろじろ見る

Do you know the man **staring** at us?
私たちを**じろじろ見ている**男を知っていますか。

□ 1273

base
[béɪs]

動 〜の基礎を置く、〜に置く
名 基礎

It's a big company **based** in New York.
それはニューヨークを**拠点にする**大企業です。

□ 1274

consume
[kənsjúːm]

動 〜を消費する

Most of the apples **consumed** in Japan come from Nagano.
日本で**消費される**リンゴの大部分は長野産です。

□ 1275

import
動 [ɪmpɔ́ːrt] 名 [ímpɔːrt]

動 〜を輸入する
名 輸入品

This is a car **imported** from France.
これはフランスから**輸入された**車です。

□ 1276

sponsor
[spáːnsər]

動 〜を支援する
名 支援者

This is an event **sponsored** by a Christian church.
これはあるキリスト教会が**支援する**イベントです。

□ 1277

declare
[dɪkléər]

動 〜を申告する、〜を宣言する

I have nothing to **declare**.
何も**申告する**ものはありません。

□ 1278

desire

[dɪzáɪər]

動 ～を願う
名 願望

He had a **desire** to marry her.
彼は彼女と結婚したいという**願望**を持っていた。

□ 1279

defend

[dɪfénd]

動 ～を弁護する、～を守る

Everyone has a right to **defend** themselves.
誰もが自分を**弁護する**権利を持っている。

□ 1280

overcome

[òuvərkám]

動 （～を）克服する
overcome - overcame - overcome

He had a lot of difficulties to **overcome**.
彼には**克服し**なければならない困難がたくさんあった。

□ 1281

protest

動 [prətést] 名 [próutest]

動 （～に）抗議する
名 抗議

She had good reason to **protest** against it.
彼女にはそれに**抗議する**のに十分理由があった。

□ 1282

interfere

[ìntərfíər]

動 干渉する、邪魔をする

You have no right to **interfere** in this matter.
あなたにはこの件に**干渉する**権利はありません。

□ 1283

waste

[wéɪst]

動 ～を無駄に使う
名 無駄、廃棄物

We have no more money to **waste**.
無駄に使えるお金はこれ以上ない。

□ 1284

wake
[wéɪk]

動 起きる、〜を起こす
　wake - woke - woken

It's time to **wake** up, Ken.
ケン、**起きる**時間ですよ。

□ 1285

harvest
[háːrvəst]

動 〜を収穫する
名 収穫

It's time to **harvest** the corn.
とうもろこしを**収穫する**時期です。

□ 1286

pause
[pɔ́ːz]

動 立ち止まる、一休みする
名 休止

It's time to **pause** for a cup of tea.
お茶を飲むために**一休みする**時間です（＝お茶を飲むのに一休みしよう）。

□ 1287

unite
[juː(:)náɪt]

動 〜を結びつける、団結する

Now is the time to **unite** our country.
今こそ国を**団結する**べきときだ。

□ 1288

replace
[rɪpléɪs]

動 〜を取り替える

It is time to **replace** the old tires with new ones.
古いタイヤを新しいものに**取り替える**時期です。

□ 1289

resign
[rɪzáɪn]

動 辞職する、辞任する

It's time to **resign** from your current job.
あなたは今の仕事を**辞職する**ときです。

□1290

worry

[wə́:ri]

動 心配する、～を心配させる

There's nothing to **worry** about.
心配することは何もない。

□1291

revise

[rɪváɪz]

動 ～を修正する、～を改める

There is no need to **revise** this plan.
この計画を修正する必要はない。

□1292

conquer

[kά:ŋkər]

動 ～を征服する

He was the first man to **conquer** Mt. Everest.
彼はエベレスト山を最初に征服した人だった。

□1293

survive

[sərváɪv]

動 ～に生き残る、より長生きする

She was the only person to **survive** the crash.
彼女はその墜落で生き残った唯一の人だった。

□1294

travel

[trǽvl]

動 旅行する
名 旅行

What is the best season to **travel** in Canada?
カナダを旅行するのに一番いい季節はいつですか。

□1295

subscribe

[səbskráɪb]

動 (～を)購読する、(～を)寄付する

What is the best magazine to **subscribe** to?
購読するのに一番いい雑誌は何ですか。

adjust
[ədʒʌst]

動 順応する、(〜を) 調整する

You need time to **adjust** to a new environment.
新しい環境に順応する時間が必要です。

□ 1297

bind
[báɪnd]

動 〜を縛る、〜を結ぶ
　　bind - bound - bound

Do you have something to **bind** these books with?
これらの本を縛るものはありますか。

□ 1298

communicate
[kəmjúːnəkèɪt]

動 (〜に) 意思を伝える、〜に知らせる

His ability to **communicate** with people is amazing.
彼のコミュニケーション能力は素晴らしい。

□ 1299

emphasize
[émfəsàɪz]

動 〜を強調する

The boss **emphasized** the need to reduce expenses.
上司は経費削減の必要性を強調した。

□ 1300

offend
[əfénd]

動 〜の感情を害する、罪を犯す

Did I say something to **offend** you?
あなたの気を悪くするようなことを私は言いましたか。

名詞

 TRACK **46**

□ 1301

task

[tǽsk]

名 課題

This is the **task** assigned to you.
これはあなたに割り当てられた**課題**です。

□ 1302

timber

[tímbər]

名 材木、樹木

This is a tool used to cut **timber**.
これは**材木**を切るのに使われる道具です。

□ 1303

device

[dɪváɪs]

名 装置、手段

This is a **device** used to save energy.
これはエネルギーを節約するために使われる**装置**です。

□ 1304

charity

[tʃérəti]

名 慈善団体、慈善事業

The money raised by the concert will go to **charity**.
コンサートで集められたお金は**慈善団体**に行きます。

□ 1305

generation

[dʒènəréɪʃən]

名 世代

This is the custom handed down from **generation** to **generation**.
これは**世代**から**世代**へと受け継がれてきた習慣です。

□ 1306

fellow

[félou]

名 人、やつ、仲間

The **fellow** standing over there is my uncle.
向こうに立っている**人**は私の叔父です。

□ 1307

wheat

[wíːt]

名 小麦

Wheat is a major food source, grown throughout the world.
小麦は世界中で栽培される主要な食糧源です。

□ 1308

chance

[tʃǽns]

名 機会、好機

I had a **chance** to meet her in Paris.
パリでたまたま彼女に会う**機会**があった。

□ 1309

fortune

[fɔ́ːrtʃən]

名 運、財産

I had the good **fortune** to talk with him.
私は幸運にも彼と話をすることができた。

□ 1310

right

[ráɪt]

名 権利

Children have a **right** to be educated.
子供たちは教育を受ける**権利**がある。

□ 1311

reason

[ríːzn]

名 理由

She has good **reason** to get angry.
彼女が怒るのに十分な**理由**がある（＝彼女が怒るのはもっともだ）。

□ 1312

option

[áːpʃən]

名 選択、選択肢

He had several **options** to choose from.
彼にはいくつか**選択肢**があった。

mission

[míʃən]

名 任務、使節団

He has an important **mission** to complete.
彼には完了させなけらばならない重要な**任務**がある。

plenty

[plénti]

名 たくさん　形 たくさんの
副 たっぷり

We have **plenty** of time to make a decision.
決定するのに時間は**たくさん**ある。

authority

[əθɔ́:rəti]

名 権限、権力、当局

I don't have the **authority** to make a decision.
決定する**権限**は私にはない。

capacity

[kəpǽsəti]

名 能力、容量

He has the **capacity** to work long hours.
彼には長時間労働する**能力**がある。

crime

[kráɪm]

名 犯罪

I have nothing to do with the **crime**.
私はその**犯罪**と関係ありません。

debt

[dét]

名 借金、負債

He has a lot of **debt** to repay.
彼には返済しなければならない**借金**がたくさんある。

□ 1319

incentive

[ɪnséntɪv]

名 動機、刺激

They had no **incentive** to work harder.
もっと一生懸命に働こうとする**動機**が彼らにはなかった。

□ 1320

instinct

[ínstɪŋkt]

名 本能

Cats have the **instinct** to scratch things.
ネコにはものをひっかく**本能**がある。

□ 1321

territory

[térətɔ̀:ri]

名 領地、領土

They had a large **territory** to protect.
彼らには守るべき広い**領地**があった。

□ 1322

position

[pəzíʃən]

名 立場、位置

I'm not in a **position** to comment on that.
私はそのことについてコメントする**立場**にありません。

□ 1323

mood

[mú:d]

名 気分

I'm in no **mood** to prepare today's dinner.
今日の夕食の準備をする**気分**ではない。

□ 1324

fund

[fʌ́nd]

名 資金、基金

There's no need to worry about **funds**.
資金のことを心配する必要はない。

□ 1325

profit
[prá:fət]

名 利益
動 得をする

There is no **profit** to be found in doing so.
そうすることで見つかる**利益**は何もない。

□ 1326

item
[áɪtəm]

名 項目、一品

It's time to move on to the next **item** on the agenda.
議題の次の**項目**に移る時間です。

□ 1327

phase
[féɪz]

名 局面、段階

Now is the time to enter a new **phase**.
今こそ新しい**局面**に入るときだ。

□ 1328

method
[méθəd]

名 方法、方式

This is the best **method** to settle the problem.
これがその問題の最良の解決**方法**です。

□ 1329

motivation
[mòutəvéɪʃən]

名 意欲、動機

He lacks **motivation** to study hard.
彼は一生懸命勉強しようという**意欲**に欠けている。

□ 1330

ability
[əbíləti]

名 能力

I was surprised at his **ability** to speak English.
彼の英語を話す**能力**にはびっくりした。

形容詞

□ 1331

ideal
[aɪdíːəl]

形 理想的な

This is an **ideal** place for kids to play.
ここは子供たちが遊ぶには**理想的な**場所だ。

□ 1332

civil
[sívl]

形 市民の、国内の、礼儀正しい

The right to vote is a **civil** right.
選挙権は**市民の**権利だ。

□ 1333

primitive
[prímətɪv]

形 原始的な

All living things have a **primitive** instinct to survive.
あらゆる生物には**原始的な**生存本能がある。

□ 1334

sufficient
[səfíʃənt]

形 十分な

He has a **sufficient** income to support his family.
彼には家族を養うのに**十分な**収入がある。

□ 1335

suitable
[súːtəbl]

形 ふさわしい、適当な

There is a **suitable** girl for you to marry.
あなたが結婚するに**ふさわしい**女性がいる。

□ 1336

various
[véəriəs]

形 いろいろな、様々な

There are **various** ways to get to the park.
その公園に行くには**いろいろな**方法がある。

第1章 5文型で覚える英単語

第2章 名詞中心構文で覚える英単語

第3章 動詞中心構文で覚える英単語

第4章 形容詞中心構文で覚える英単語

第5章 副詞中心構文で覚える英単語

複数の語句で名詞を修飾する形容詞には、過去分詞、現在分詞、**to** 不定詞のほかに、関係代名詞があります。関係副詞も「名詞の直後に置いて前の名詞を修飾する」という意味では形容詞的な意味を持っています。

（1）**I have a friend who can speak ten languages.**
私は 10 カ国語を話せる友人がいる。

　（1）の文は、**I have a friend.**（私は友人がいる）という文と **He（She）can speak ten languages.**（彼／彼女は 10 カ国語を話せる）という 2 つの文を **who** を使って、1 つの文にまとめた表現です。**who** の代わりに **that** を用いて、**I have a friend that can speak ten languages.** としてもかまいません。

（2）**He is one of my friends（whom）I respect.**
彼は私が尊敬する友人の一人です。

　（2）の文は、**He is one of my friends.**（彼は私の友だちの 1 人です）という文と **I respect him.**（私は彼を尊敬しています）という 2 つの文を **whom** を使って、1 つの文にまとめた表現です。現代英語では **whom** は **that** や **who** に置き換えてもかまいませんが、会話では省略することが普通です。

（3）**Winter is the season**（which）**I like the best.**
冬は私が一番好きな季節です。

　（3）の文は、**Winter is the season.**（冬は季節です）という文と**I like it the best.**（私はそれが一番好きです）という2つの文を**which**を使って、1つの文にまとめた表現です。**which**は**that**に換えることができますが、会話では省略することが普通です。

（4）**This is the place** where I have lunch every
　　 day.
ここが私が毎日昼食を取る場所です。

（5）**Summer is the time** when I travel abroad.
夏は私が外国旅行をするときです。

（6）**This is**（the reason）why I was absent.
これが私が欠席した理由です。
→こういうわけで私は欠席した。

（7）**This is the** way he became a hero.
これが彼が英雄になった方法です。
→このようにして彼は英雄になった。

　where ／ **when** ／ **why** ／ **the way**（＝**how**）の後の文は、完全な文のかたちを整えています。

動詞

□ 1337

trust
[trÁst]

動 ～を信用する、～に頼る
名 信用、信頼

He is the only friend I can **trust**.
彼は唯一私が**信頼できる**友人です。

□ 1338

respect
[rɪspékt]

動 ～を尊敬する、～を尊重する
名 尊敬、尊重、点、あいさつ

Who is the person you **respect** the most?
あなたが最も**尊敬する**人は誰ですか。

□ 1339

admire
[ədmáɪər]

動 ～にあこがれる、～に感心する、～に敬服する

She is the singer I **admire** the most.
彼女は私が一番**あこがれている**歌手です。

□ 1340

cheer
[tʃíər]

動 ～を元気づける、(～を) 応援する
名 喝采、乾杯 (Cheers!)

Is there anything I can do to **cheer** you up?
あなたを**元気づける**ために私ができることはありますか。

□ 1341

rely
[rɪláɪ]

動 信頼する、頼る

She is the only person I can **rely** on.
彼女は私が唯一**信頼できる**人です。

□ 1342

dine
[dáɪn]

動 食事をする

This is a restaurant where I often **dine** with my wife.
ここは妻とよく**食事をする**レストランです。

□1343

reward
[rɪwɔ́ːrd]

動 ～に報いる
名 報酬

There are cases where efforts are not **rewarded**.
努力が**報われ**ない場合がある。

□1344

utilize
[júːtəlàɪz]

動 ～を利用する

I want a job where I can **utilize** my English skill.
私の英語力を**利用**できる仕事がほしい。

□1345

realize
[ríːəlàɪz]

動 ～を実現させる、～に気づく

The day will come when you can **realize** your dream.
あなたが夢を**実現**できる日が来るでしょう。

□1346

release
[rɪlíːs]

動 ～を発売する、～を開放する
名 発売、開放、一般公開

Today is the day when I **release** my new book.
今日は私の新刊の**発売**日です。

□1347

transform
[trænsfɔ́ːrm]

動 ～を変形させる

E-mail **transformed** the way we communicate.
Eメールは私たちのコミュニケーションの方法を**変えた**。

名詞

□ 1348

alternative

[ɔːltɔ́ːrnətɪv]

名 選択肢、代案
形 代わりの

Do you have an **alternative** you can suggest?
提案できる**代案**はありますか?

□ 1349

article

[áːrtɪkl]

名 記事、品物

I've got a newspaper **article** I want to show you.
あなたに見せたい新聞**記事**があります。

□ 1350

property

[práːpərti]

名 財産

These are the **properties** he owns.
これらは彼が所有している**財産**です。

□ 1351

instance

[ínstəns]

名 例

For **instance**, Spain is one of the countries I want to visit.
たとえばスペインは私が訪れてみたい国の一つです。

□ 1352

souvenir

[sùːvəníər]

名 土産

This is a **souvenir** I bought in Paris.
これは私がパリで買った**土産**です。

□ 1353

actor

[ǽktər]

名 俳優

He is an **actor** who can play any kind of role.
彼はどんな役でも演じることができる**俳優**だ。

□ 1354

author
[ɔ́ːθər]

名 著者

She is a famous **author** who was born in London.
彼女はロンドン生まれの有名な**著者**です。

□ 1355

dentist
[déntəst]

名 歯科医

I have a friend who is a **dentist**.
私は**歯科医**の友人がいます。

□ 1356

engineer
[èndʒəníər]

名 技師、専門家

He is an **engineer** who has creative ideas.
彼は創造的なアイデアを持つ**技師**です。

□ 1357

photographer
[fətá:grəfər]

名 写真家

She is a **photographer** who is also known as a painter.
彼女は画家としても知られている**写真家**です。

□ 1358

relative
[rélətɪv]

名 親族
形 関係のある

Do you have any **relatives** who live in America?
アメリカに住んでいる**親族**はいますか。

□ 1359

secretary
[sékrətèri]

名 秘書

She is a **secretary** who works for a big company.
彼女は大企業に勤める**秘書**です。

□1360

staff
[stǽf]

名 従業員、スタッフ

Are there any **staff** members who can speak Japanese?
日本語を話せる従業員はいますか。

□1361

district
[dístrɪkt]

名 地域

Most people who live in this **district** are Hispanic.
この地域に住む人は大部分がヒスパニック系です。

□1362

ancestor
[ǽnsestər]

名 祖先、先祖

This is the cemetery where my **ancestors** are buried.
ここは私の祖先が埋葬されている墓地です。

□1363

architect
[ɑ́ːrkətèkt]

名 建築家

This is the town where the **architect** was born.
ここがその建築家が生まれた町だ。

□1364

factory
[fǽktəri]

名 工場

This is a **factory** where they produce 10,000 cars a month.
ここは月に1万台の車を生産している工場です。

□1365

traffic
[trǽfɪk]

名 交通（量）

This is where the **traffic** accident happened.
ここはその交通事故が起こったところです。

□ 1366

period
[píəriəd]

名 時代、期間、時間

We live in a **period** when confidence in government is low.
私たちは政府に対する信頼が低い**時代**に暮らしている。

□ 1367

gravity
[grǽvəti]

名 重力、重大さ

Gravity is the reason why an apple falls to earth.
重力はリンゴが地上に落ちる理由だ。

□ 1368

legend
[lédʒənd]

名 伝説、伝説的人物

That is the way he became a **legend**.
そのようにして彼は**伝説**となった。

□ 1369

millionaire
[mìljənéər]

名 百万長者

This is the way he became a **millionaire**.
このようにして彼は**百万長者**になった。

□ 1370

revolution
[rèvəlúːʃən]

名 革命

The **revolution** changed the way people lived and worked.
その**革命**は人々の生き方と働き方を変えた。

形容詞

□ 1371

financial
[fənǽnʃəl]

形 財政的な

Those who have a **financial** need will receive scholarships.
財政的に困った人たちは奨学金をもらうだろう。

□ 1372

informal
[ɪnfɔ́:rml]

形 打ち解けた、非公式の

The office where he works has an **informal** atmosphere.
彼が働いている会社は**打ち解けた**雰囲気です。

□ 1373

remote
[rɪmóut]

形 人里離れた、遠い
名 リモコン

He lives in a **remote** village where there is no electricity.
彼は電気のない**人里離れた**村に住んでいる。

□ 1374

dull
[dʌ́l]

形 つまらない、どんよりした

There's never a **dull** moment when you are around.
あなたがいると、**つまらない**瞬間は決してない。

□ 1375

exact
[ɪgzǽkt]

形 正確な、まさにその

Do you know the **exact** time when he will arrive?
彼が到着する**正確な**時間を知っていますか。

□ 1376

absent
[ǽbsənt]

形 欠席の、不在の

That's the reason why I was **absent** from school last week.
そういうわけで私は先週、学校を**欠席**しました。

第5章

副詞中心構文で覚える英単語

（1）**Happily, he was rescued.**

幸いにも彼は救出された。

（2）**He passed away** happily.
／ **He** happily **passed away.**

彼は幸せに亡くなった。

　happily のような様態や状態を表す副詞は、（1）のように文頭に置くときは文全体を修飾しますが、（2）の場合は動詞のみを修飾するという違いがあります。動詞の前に置いても後ろに置いても意味は変わりません。

（3）**I** always **go to work by train.**

私はいつも電車で通勤します。

（4）**He's** always **kind to everyone.**

彼はいつも皆に親切です。

（5）**I meet her** twice a week.

私は１週間に２回彼女に会います。

　always（いつも）、**sometimes**（時々）、**often**（しばしば）などの頻度を表す副詞は、原則として一般動詞と **be** 動詞の直前に置きます。ただし、（5）のように複数の語句から成る副詞の場合は文の最後に置きます。

（6）**Rich people are not always happy.**
　　　お金持ちがいつも幸せだとは限らない。

（7）**Not everyone was present.**
　　　すべての人が出席していたわけではない。

　always（いつも）、**necessarily**（必ず）、**completely**（完全に）など100％そうであることを表す副詞が否定文に使われると、「いつも（必ずしも、完全に）～というわけではない」という部分否定を表す文となります。この部分否定は、同じく100％を表す **all** や **every** についても当てはまりますが、（7）のように、**not** が先行することに注意してください。

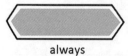

always

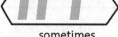

sometimes

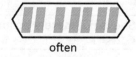

often

副詞

□ 1377

accidentally
[æksədéntəli]

副 うっかり、偶然に

I dropped the vase **accidentally**.
私は**うっかり**その花瓶を落としてしまった。

□ 1378

automatically
[ɔ̀:təmætɪkəli]

副 自動的に

The door will lock **automatically** when you close it.
そのドアは閉めると**自動的に**鍵が閉まります。

□ 1379

directly
[dəréktli]

副 直接(的に)

Would you mind calling him **directly**?
直接、彼に電話していただけますか。

□ 1380

fluently
[flú:əntli]

副 流暢に

I can't speak English **fluently**.
私は**流暢に**英語を話すことができません。

□ 1381

mentally
[méntəli]

副 精神的に

I'm tired both **mentally** and physically.
私は**精神的にも**肉体的にも疲れています。

□ 1382

merely
[míərli]

副 単に (=only)

She is not **merely** beautiful but bright.
彼女は**単に**美しいだけでなく頭もよい。

□ 1383

properly
[prá:pərli]

副 きちんと、適切に

I'm sorry, I can't pronounce your name **properly**.
すみません、あなたの名前を**きちんと**発音できません。

□ 1384

securely
[sɪkjúərli]

副 しっかりと、安全に

Make sure that your seat belt is **securely** fastened.
シートベルトを**しっかりと**締めるように。

□ 1385

seriously
[síəriəsli]

副 真面目に

Don't take it **seriously**.
真面目に受け取らないで。

□ 1386

actually
[ǽktʃuəli]

副 実際 (に)

She looks younger than she **actually** is.
彼女は**実際**よりも若く見える。

□ 1387

frankly
[frǽŋkli]

副 率直に

Frankly speaking, I'm against your plan.
率直に言うと、私はあなたの計画に反対です。

□ 1388

generally
[dʒénərəli]

副 一般的に

Generally speaking, Japanese people work hard.
一般的に言って、日本人は勤勉です。

□ 1389

simply

[símpli]

副 単純に、単に

Simply put, you need to work hard.
単純に言うと、あなたは一生懸命に働く必要があります。

□ 1390

strictly

[stríktli]

副 厳密に

Strictly speaking, this is not true.
厳密に言うとこれは本当ではない。

□ 1391

immediately

[ɪmíːdiətli]

副 直ちに

Tell him to come back **immediately**.
直ちに戻るように彼に言ってください。

□ 1392

regularly

[régjələrli]

副 頻繁に、定期的に

You need to update the data **regularly**.
頻繁にデータを更新する必要があります。

□ 1393

repeatedly

[rɪpíːtɪdli]

副 繰り返し

We **repeatedly** asked him to come back.
私たちは彼に戻るように繰り返し頼んだ。

□ 1394

gradually

[grǽdʒuəli]

副 徐々に

It is **gradually** getting warmer.
徐々に暖かくなってきた。

□ 1395

suddenly

[sʌ́dnli]

副 突然

Suddenly it got dark.
突然、暗くなった。

□ 1396

recently

[rí:sntli]

副 最近

I haven't seen Alice **recently**.
最近はアリスを見かけていません。

□ 1397

lately

[léɪtli]

副 最近

Have you lost weight **lately**?
最近痩せましたか。

□ 1398

constantly

[kɑ́:nstəntli]

副 常に、絶えず

Language is **constantly** changing.
言語は**常に**変化している。

□ 1399

currently

[kɑ́:rəntli]

副 今、現在 (のところ)

He is **currently** working on a new book.
彼は**現在**、新しい本に取り掛かっている。

□ 1400

shortly

[ʃɔ́:rtli]

副 まもなく

We will be getting married **shortly**.
私たちは**まもなく**結婚します。

□ 1401

rapidly
[rǽpɪdli]

副 急激に

Food prices have been **rapidly** rising since June.
食料の物価は6月以来急激に上昇している。

□ 1402

frequently
[frí:kwəntli]

副 しばしば、たびたび

This is a restaurant I **frequently** visit.
ここは私がよく来るレストランです。

□ 1403

quickly
[kwíkli]

副 速く、すぐに、急いで

Finish the work as **quickly** as you can.
できるだけ速く仕事を終わらせなさい。

□ 1404

hardly
[há:rdli]

副 ほとんど～ない

I can **hardly** wait.
ほとんど待てません（＝待ちきれません）。

□ 1405

rarely
[réərli]

副 めったに～ない

He **rarely** eats meat.
彼はめったに肉を食べない。

□ 1406

scarcely
[skéərsli]

副 ほとんど～ない

There is **scarcely** any fresh water left.
真水はほとんど残っていない。

□ 1407

steadily

[stédəli]

副 着実に

The economy is **steadily** improving.
景気は**着実に**改善している。

□ 1408

absolutely

[金bsəlù:tli]

副 絶対に

I'm not **absolutely** sure.
絶対に確かであるというわけではありません。

□ 1409

completely

[kəmplí:tli]

副 完全に

I'm not **completely** satisfied.
完全に満足しているわけではない。

□ 1410

exactly

[ɪgzǽktli]

副 正確に、そのとおりに

I don't understand **exactly** what you mean.
あなたの言いたいことが**はっきり**わからない。

□ 1411

closely

[klóusli]

副 綿密に、細かく注意して

I should have listened to him more **closely**.
彼の言うことをもっと**しっかり**聞いておくべきだった。

□ 1412

definitely

[défənətli]

副 絶対に、確かに

"Do you think Tom will be there?" "**Definitely** not."
「トムはそこにいると思いますか」「**絶対に**いないでしょう」

□ 1413

thoroughly

[θə́:rouli]

副 徹底的に、とことん

They **thoroughly** enjoyed playing golf.
彼らは**とことん**ゴルフを楽しんだ。

□ 1414

increasingly

[ɪnkríːsɪŋli]

副 ますます

Online shopping is **increasingly** becoming popular.
ネットショッピングは**ますます**人気が出てきた。

□ 1415

dramatically

[drəmǽtɪkəli]

副 劇的に

Things have changed **dramatically**.
事態は**劇的に**変化した。

□ 1416

finally

[fáɪnəli]

副 とうとう、最後に

Finally he gave up smoking.
とうとう彼は禁煙した。

□ 1417

hopefully

[hóupfəli]

副 できれば、願わくば

Hopefully, he will come back safely.
彼が無事に戻る**といいのですが**。

□ 1418

certainly

[sə́ːrtnli]

副 もちろん、確かに

"Can I order now?" "**Certainly**, sir."
「今注文できますか」「**もちろんです**」

□ 1419

unfortunately
[ʌnfɔ́ːrtʃənətli]

副 あいにく、不運にも

Unfortunately, the session was unsuccessful.
あいにく、会議はうまく行かなかった。

□ 1420

eventually
[ɪvéntʃuəli]

副 ようやく、結局、やっと

He **eventually** became president of the company.
ようやく、彼はその会社の社長になった。

□ 1421

luckily
[lʌ́kəli]

副 運よく

Luckily nothing went wrong.
運よく、失敗は何もなかった。

□ 1422

mainly
[méɪnli]

副 主に

Japanese people used to live **mainly** on rice.
日本人はかつて主に米を常食としていた。

□ 1423

especially
[ɪspéʃəli]

副 特に、特別に

Beer tastes **especially** good on a hot day.
暑い日のビールは格別に美味しい。

□ 1424

probably
[prɑ́:bəbli]

副 たぶん、十中八九

What you say is **probably** true.
あなたの言っていることはたぶん本当でしょう。

□ 1425

necessarily

[nèsəsérəli]

副 必ず

You are not **necessarily** wrong.
あなたは**必ずし**も悪くない。

□ 1426

approximately

[əprá:ksəmətli]

副 約、およそ (=about)

It took **approximately** an hour to finish the work.
その仕事を終わらせるのに**約**1時間かかった。

□ 1427

practically

[prǽktɪkəli]

副 ほとんど、現実的に

It is **practically** impossible to get there without a car.
車無しでそこに行くのは**ほとんど**不可能です。

□ 1428

entirely

[ɪntáɪərli]

副 完全に、まったく

I'll leave it **entirely** to you.
完全にあなたにお任せします。

□ 1429

equally

[í:kwəli]

副 同様に、平等に

What is **equally** important is to eat right.
同様に重要なことはちゃんとしたものを食べることです。

□ 1430

extremely

[ɪkstrí:mli]

副 非常に

This is an **extremely** difficult problem to deal with.
これは扱いが**非常に**難しい問題です。

□ 1431

fairly

[féərli]

副 かなり、公平に

It is **fairly** difficult to finish the work today.
今日中にその仕事を終わらせることは、**かなり**難しい。

□ 1432

mostly

[móustli]

副 大部分は、たいてい

This country is **mostly** desert.
この国の**大部分**は砂漠です。

□ 1433

nearly

[níərli]

副 ほとんど、もう少しで

It took **nearly** an hour to get here.
ここに来るのに**ほぼ**1時間かかりました。

□ 1434

slightly

[sláitli]

副 少し、わずかに

March's sales are **slightly** better than average.
3月の売り上げは平均より**少し**良い。

□ 1435

totally

[tóutəli]

副 まったく、すっかり

The rumor is **totally** without foundation.
その噂は**まったく**根拠がない。

□ 1436

relatively

[rélətɪvli]

副 相対的に、比較的

Relatively speaking, this is not an important matter.
相対的に言って、これは重要な問題ではありません。

□ 1437

else

[éls]

副 その他に

Is there anything **else** you need?
その他に必要なものはありますか。

□ 1438

even

[í:vn]

副 ～でさえ、さらに

I'll go shopping **even** if it rains tomorrow.
明日雨が降って**も**買い物に行きます。

□ 1439

perhaps

[pərhǽps]

副 たぶん (=maybe) ※実現の可能性は 50%

Perhaps it will get warmer.
たぶんもっと暖かくなるでしょう。

□ 1440

abroad

[əbrɔ́:d]

副 外国で (に)

Have you ever been **abroad**?
今までに**外国**に行ったことがありますか。

□ 1441

overseas

副 [òuvərsí:z] 形 [óuvərsí:z]

副 海外で
形 海外の

The book is also selling well **overseas**.
その本は**海外**でも売れている。

□ 1442

worldwide

[wɔ́:rldwáɪd]

副 世界で

India produces the second largest amount of wheat **worldwide**.
インドは**世界**で2番目に多く小麦を生産している。

□ 1443

outdoors
[àutdɔ́:rz]

副 戸外で

It is fun to play **outdoors**.
外で遊ぶのは楽しい。

□ 1444

ahead
[əhéd]

副 前に　※許可を求める相手に対し「Go ahead」で「どうぞ」の意味

"Can I use the bathroom?" "Yes, go **ahead**."
「洗面所をお借りできますか」「ええ、**どうぞ**」

□ 1445

downstairs
[dáunstéərz]

副 階下に

Come **downstairs** quickly.
急いで**下**に降りてきなさい。

□ 1446

downtown
[dáuntáun]

副 繁華街に、中心街に
形 繁華街の、中心街の

How long does it take to get **downtown** from here?
ここから**繁華街に**行くにはどれくらい時間がかかりますか。

□ 1447

apart
[əpá:rt]

副 離れて

I have never lived **apart** from my parents.
私は両親から**離れて**暮らしたことがありません。

□ 1448

seldom
[séldəm]

副 めったに～ない

I **seldom** see him these days.
近頃、**めったに**彼に会わない。

□ 1449

forever
[fərévər]

副 ずっと、永遠に

You can keep it **forever**.
ずっとそれを持っていていいですよ。

□ 1450

later
[léɪtər]

副 後で、のちに

I'll talk to you **later**.
後でお話しましょう。

□ 1451

once
[wʌ́ns]

副 一回、かつて

I have met her **once**.
一回、彼女に会ったことがあります。

□ 1452

twice
[twáɪs]

副 二回

I have met him **twice**.
彼には**二度**会ったことがある。

□ 1453

afterward(s)
[ǽftərwərd(z)]

副 のちに、後で

Afterward, she got a promotion.
その後、彼女は出世した。

□ 1454

somewhere
[sʌ́mwèər]

副 どこかで

I have met him **somewhere** before.
以前**どこかで**彼に会ったことがある。

□ 1455

straight

[stréɪt]

副 まっすぐに
形 まっすぐな

I'm going **straight** home today.
今日は**まっすぐに**帰ります (=直帰します)。

□ 1456

anymore

[ènɪmɔ́ːr]

副 これ以上、もはや

I can't stand his behavior **anymore**.
これ以上彼の行動には我慢ができない。

□ 1457

either

[íːðər]

副 (否定文で) もまた〜ない
形 どちらかの 名 どちらでも

"I can't drive." "I can't, **either**."
「私は車の運転ができません」「私**もできません** (=私もです)」

□ 1458

neither

[níːðər]

副 どちらも〜ない

"I don't like carrots." "**Neither** do I."
「私はニンジンが好きでない」「私も好きでは**ありません** (=私もです)」

□ 1459

further

[fə́ːrðər]

副 さらに、もっと先に (=farther)

I can't walk any **further**.
これ以上歩けません。

□ 1460

least

[líːst]

副 最も〜ない

This is the **least** expensive car.
これは**一番高価ではない** (=一番安い) 車です。

□ 1461	
almost [ɔ́:lmoust]	副 ほとんど

It's **almost** impossible to answer the question.
その質問に答えるのは**ほとんど**不可能です。

□ 1462	
overall 副 [òuvərɔ́:l] 形 [óuvərɔ̀:l]	副 全体として、全部で 形 全体の

It's been a good day **overall**.
全体として良い一日だった。

□ 1463	
rather [rǽðər]	副 （否定的に）かなり、むしろ

This soup is **rather** hot.
このスープは**かなり**熱い。

□ 1464	
pretty [príti]	副 かなり 形 かわいい

It's getting **pretty** cold.
かなり寒くなってきた。

□ 1465	
quite [kwáɪt]	副 まあまあ、まったく

The food here tastes **quite** good.
ここの食べ物は**まあまあ**美味しい。

□ 1466	
anyway [éniwèɪ]	副 とにかく

Anyway, I'll be home early.
とにかく、早く家に帰ります。

□ 1467

indeed
[ɪndíːd]

副 本当に、実に

I feel very happy, **indeed**.
私は**本当に**とても幸せです。

□ 1468

moreover
[mɔːróuvər]

副 さらに、その上

It's a good car, and **moreover** the price is reasonable.
それは良い車で、**さらに**値段が手ごろです。

□ 1469

nevertheless
[nèvərðəlés]

副 それにもかかわらず

We were tired; **nevertheless** we had to keep working.
私たちは疲れていた。**それでも**働き続けなければならなかった。

□ 1470

nowadays
[náuədèɪz]

副 この頃は、今日では

More and more people work from home **nowadays**.
この頃はますます多くの人たちがテレワークをしている。

□ 1471

otherwise
[ʌ́ðərwàɪz]

副 さもないと (or else)、その他の点で

Leave now, **otherwise** you'll be late.
今出発しなさい、**さもないと**遅刻しますよ。

□ 1472

somehow
[sʌ́mhàu]

副 なんとかして、どういうわけか

I got to the destination **somehow**.
なんとかして目的地に着いた。

□ 1473

sometime

[sʌ́mtàɪm]

副 いつか

They will get married **sometime**.
いつか彼らは結婚するだろう。

□ 1474

therefore

[ðéərfɔ̀ːr]

副 したがって

I'm 18 and **therefore** I have a right to vote.
私は18歳です。**したがって**選挙権があります。

□ 1475

besides

[bɪsáɪdz]

副 その上

It's getting dark; **besides** it's starting to rain.
暗くなってきた、**その上**、雨が降り出してきた。

□ 1476

yet

[jét]

副 もう、まだ

Have you finished the work **yet**?
もう仕事は終えましたか。
I haven't done my homework **yet**.
まだ宿題をやっていません。

□ 1477

though

[ðóu]

副 でも
接 だけれど

She looks Korean. I'm not sure, **though**.
彼女は韓国人に見える。**でも**確かではないけど。
Though he is rich, he isn't happy at all.
彼は金持ち**だが**、全然幸せではない。

大統領の英語に学ぶ 「プレインイングリッシュ」

　日本語であれ、英語であれ、ビジネスで自分の考えやまとまった内容を伝えるときに心がけたいのが、できる限り論理的かつ簡潔にまとめて話したり、書いたりすることです。

　インターネットの出現で情報過多になった現代社会では、情報処理をスピーディーに行いながらの円滑なコミュニケーションが求められています。

　実際、英語圏のビジネスシーンでは、余分な修飾語を使わずに、1つのセンテンスが20ワード以下で表現される情報のやり取りが推奨されています。英語の国際語としての地位が高まり、英語を母国語としない人同士のコミュニケーションツールとして使われることが増えたことも関係しています。

　これは、いわゆる「plain English（平易な英語）」と呼ばれるもので、アメリカでは大統領の就任演説がその典型的なものであると言われています。

　実際、バイデン大統領の就任演説を見ると、どんなに長い文章でも20ワードを超えることはありません。インターネットで検索すれば、演説の原稿が公開されているのでぜひ見てください。専門用語以外は本書で紹介されているレベルの単語ばかりで構成されています。

　誰も使わないような難しい英単語を知っているよりも、誰もが理解できる平易な英語で表現できることのほうがこれからの時代には必要なのです。

　副詞の働きで最も多いのは、動詞や文全体を修飾する用法です。**so**（とても、そんなに）や **too**（あまりにも）のように、形容詞や副詞などを修飾することもありますが、そのようなことは意識する必要はありません。例文の中に構文が含まれているので、暗記しながら自然に身につけていきましょう。

（1）**I'm glad to see you.**
　　　お会いできてうれしいです。

「**be glad to do ~**」→「〜してうれしいです」
　glad の代わりに気持ちを表す形容詞、たとえば、**sad**（悲しい）、**surprised**（びっくりして）、**excited**（興奮して）などが入ります。

（2）**This is too difficult to answer.**
　　　これは難しすぎて答えられない。
　　　「**too...**（形容詞）**to do ~**」
　　　→「あまりにも **...** なので〜でない」

（3）**This is so easy that you can answer it.**
　　　これは簡単なのであなたにも答えられる。
　　　「**so...**（形容詞）**that SV~**」
　　　→「とても **...** なので〜です」

（4）**This is easy enough for me to answer.**

これは簡単なので私にも答えられる。

「**...（形容詞）enough to do ~**」

→「～するのに十分 **...** です、十分 **...** なので～です」

（5）**She stepped aside so that I could pass.**

　　彼女は私が通れるように脇にどいてくれた。

　　「**so that SV~**」→「～するように」

（6）**She did her best（in order）to succeed.**

　　彼女は成功するために最善を尽くした。

　　「**in order to do ~**」→「～するために」

　in order を入れないで、**She did her best to succeed.** とすると、「彼女は最善を尽くして成功した」という意味にも取ることができるので、目的の意味を明確にしたいときに、**in order to do~** を使います。

（7）**Be careful not to catch a cold.**

　　風邪を引かないように注意しなさい。

　Be careful や **Take care** の後に続けて、「**not to do~**」のかたちを続けると、「～しないように気をつけてください」の意味になります。

形容詞

□ 1478

ready
[rédi]

形 喜んで～する、準備ができて

I'm **ready** to help you at any time.
いつでも**喜んで**お手伝い**します**。

□ 1479

sure
[ʃúər]

形 きっと～する、必ず～する
副 確かに

Be **sure** to call me tomorrow.
明日**必ず**電話してください。

□ 1480

unable
[ʌnéɪbl]

形 ～できない

I'm **unable** to do this job in a week.
1週間でこの仕事をすることは**できない**。

□ 1481

willing
[wílɪŋ]

形 ～するのをいとわない、自発的な

I'm **willing** to help you anytime.
いつでもお手伝い**します**。

□ 1482

curious
[kjúəriəs]

形 しきりに～したい、好奇心の強い

He is **curious** to know the result.
彼は**しきりに**結果を知りたがっている。

□ 1483

ambitious
[æmbíʃəs]

形 熱望している、野心的な

She is **ambitious** to succeed in business.
彼女は事業での成功を**熱望**している。

□ 1484

anxious

[ǽŋkʃəs]

形 切望している、心配して

He's **anxious** to meet her.
彼は彼女に会いたがっている。

□ 1485

delighted

[dɪláɪtɪd]

形 (大いに) 喜んでいる

I'm **delighted** to make your acquaintance.
あなたと知り合いになれてとてもうれしいです。

□ 1486

eager

[íːgər]

形 熱望している、ぜひ〜したい

He is **eager** to lose weight.
彼は減量することを**熱望している**。

□ 1487

likely

[láɪkli]

形 〜しそうである

It is **likely** to rain at any moment.
今にも雨が降り**そうです**。

□ 1488

diligent

[dílɪdʒənt]

形 勤勉な

She is so **diligent** that she got an early promotion.
彼女は**勤勉**なので早く出世した。

□ 1489

exhausted

[ɪgzɔ́ːstɪd]

形 疲れ切って

I was so **exhausted** that I couldn't sleep.
私は**疲れ切って**いたので眠れなかった。

□ 1490

alike
[əláɪk]

形 似ている
副 同様に

The twins are so much **alike** that I can't tell them apart.
その双子はとても**似ている**ので私には区別できない。

□ 1491

upset
[ʌpsét]

形 取り乱して、うろたえて
動 ～をひっくり返す、～の心を乱す

She was so **upset** that she did not know what to do.
彼女は**取り乱して**、自分でどうしていいかわからなかった。

□ 1492

thick
[θík]

形 厚い

The ice is **thick** enough to walk on.
その氷は**厚い**のでその上を歩ける。

□ 1493

clear
[klíər]

形 透き通った、きれいな、明らかな

The lake is **clear** enough to see the bottom.
その湖は**透き通って**底まで見える。

□ 1494

honest
[á:nəst]

形 正直な

He was **honest** enough to tell me the truth.
彼は**正直で**、私に本当のことを話してくれた。

□ 1495

smart
[smá:rt]

形 頭の良い、賢明な

She is **smart** enough to answer all the questions.
彼女は**頭が良く**、質問にすべて答えた。

□ 1496

adequate

[ǽdɪkwət]

形 十分な、まずまずの

My salary is not **adequate** to live comfortably.
私の給料は快適な生活ができるほど**十分**ではない。

□ 1497

complex

[kàːmpléks]

形 複雑な

The story is too **complex** to follow.
その話は**複雑**でついていけない。

□ 1498

expensive

[ɪkspénsɪv]

形 高価な

This watch is too **expensive** for me to buy.
この腕時計は**高くて**私には買えない。

□ 1499

lazy

[léɪzi]

形 怠惰な

He is too **lazy** to clean his room.
彼は**怠け者**で部屋の掃除をしない。

□ 1500

steep

[stíːp]

形 険しい

The hill is too **steep** to climb.
その丘は**険しくて**登れない。

□ 1501

thin

[θín]

形 薄い

The ice is too **thin** to walk on.
その氷は**薄くて**上を歩くことはできない。

□ 1502

tiny
[táɪni]

形 (極) 小さい

It is too **tiny** to see without a microscope.
それは**小さくて**顕微鏡なしでは見えない。

□ 1503

scared
[skéərd]

形 脅えて、恐れて

Why are you so **scared**?
どうしてそんなに**脅えている**のですか。

□ 1504

tired
[táɪərd]

形 疲れて

I'm too **tired** to have an appetite.
私は**疲れて**食欲がない。

□ 1505

tough
[tʌf]

形 (肉が) 固い、難しい、骨の折れる

This steak is too **tough** to eat.
このステーキは**固くて**食べられない。

□ 1506

spicy
[spáɪsi]

形 香辛料のきいた、(香辛料で) ぴりっとした

This curry is too **spicy** for me to eat.
このカレーは**香辛料がきき**すぎて私には食べられない。

□ 1507

fragile
[frǽdʒəl]

形 壊れやすい

This is **fragile**, so be careful not to drop it.
これは**壊れやすい**ので落とさないように注意してください。

happy
[hǽpi]

形 うれしい、幸せな、満足な

I'll be **happy** to accept it.
喜んでお受けします。

I'm **happy** with the result.
その結果に満足です。

sorry
[sɑ́:ri]

形 残念 (気の毒) に思って、すまなく思って

I'm **sorry** to hear that.
それはお気の毒に。

I'm **sorry** I have kept you waiting.
待たせて**すみません**。

動詞

□ 1510

receive
[rɪsíːv]

動 ～を受け取る

He was happy to **receive** her letter.
彼は彼女の手紙を**受け取って**うれしかった。

□ 1511

fasten
[fǽsn]

動 ～を結び付ける、～を留める

Be sure to **fasten** your seat belt.
必ずシートベルトを**締めて**ください。

□ 1512

inform
[ɪnfɔ́ːrm]

動 ～を知らせる、～を告げる

I'm sorry to **inform** you of this.
このことを**お知らせ**しなければならないのが残念です。

□ 1513

assist
[əsíst]

動 ～を援助する

I'd be happy to **assist** you.
喜んであなたの**援助**をいたします。

□ 1514

bother
[bάːðər]

動 ～に面倒をかける、～を困らせる、わざわざ～する

I'm sorry to **bother** you.
面倒をおかけしてすみません（=ご面倒をおかけします）。

□ 1515

interrupt
[ìntərʌ́pt]

動 ～の邪魔をする、～をさえぎる

I'm sorry to **interrupt** you.
口を**挟んで**すみません。

□ 1516

participate
[pɑːrtísəpèɪt]

動 参加する

I'm happy to **participate** in the workshop.
喜んで研修会に参加します。

□ 1517

promote
[prəmóut]

動 ～を昇進させる、～を促進する

I'm happy to hear that you got **promoted**.
あなたが昇進したと聞いてうれしいです。

□ 1518

relieve
[rɪlíːv]

動 ～を安心させる、(苦痛や心配) を取り除く

I was **relieved** to hear the news.
その知らせを聞いてホッとしました。

□ 1519

adopt
[ədáːpt]

動 ～を採用する、～を養子にする

We are ready to **adopt** her proposal.
では、彼女の提案を喜んで採用します。

□ 1520

announce
[ənáuns]

動 ～を発表する

We are happy to **announce** our engagement.
私たちは婚約の発表ができてうれしいです。

□ 1521

sacrifice
[sǽkrəfàɪs]

動 ～を犠牲にする
名 犠牲

I'm ready to **sacrifice** everything for you.
あなたのためなら喜んですべてを犠牲にします。

□1522

digest
[daɪdʒést]

動 (〜を) 消化する

This food is easy to **digest**.
この食べ物は消化しやすい。

□1523

reject
[rɪdʒékt]

動 〜を拒絶する

He was wise enough to **reject** the bribe.
彼は賢明なので賄賂を拒絶した。

□1524

review
[rɪvjúː]

動 〜を再検討する、〜を批評する
名 再検討、批評

She was careful enough to **review** her answers.
彼女は注意深く自分の解答を見直した。

□1525

breathe
[bríːð]

動 〜を呼吸する、息をする

The air is too thin to **breathe**.
空気が薄くて呼吸することができない。

□1526

dig
[díg]

動 〜を掘る　dig - dug - dug

The soil is too hard to **dig**.
その土は固くて掘ることができない。

□1527

endure
[ɪndjúər]

動 〜を耐える

The pain is too great to **endure**.
痛みがひどくて耐えることができない (=耐えきれない)。

□ 1528

lift
[líft]

動 ～を持ち上げる

The bag is too heavy for me to **lift**.
そのカバンは重くて私には**持ちあげる**ことができません。

□ 1529

observe
[əbzə́:rv]

動 ～に気づく、～を観察する、～を守る

The change was too small to be **observed**.
その変化は小さすぎて**気づけ**なかった。

□ 1530

register
[rédʒɪstər]

動 (～を)登録する、(～を)記録する
名 記録簿、登録票

Is it too late to **register** for this seminar?
このセミナーに**登録する**には遅すぎますか。

□ 1531

improve
[ɪmprú:v]

動 ～を向上させる、～を改良する、良くなる

I often watch foreign movies in order to **improve** my English.
私は英語を**向上させる**ために外国の映画をよく見る。

□ 1532

maintain
[meɪntéɪn]

動 ～を維持する、～を主張する

You should have a balanced diet in order to **maintain** good health.
健康を**維持する**ためにバランスの良い食事をとるべきです。

□ 1533

master
[mǽstər]

動 ～を習得する

He went to England in order to **master** English.
彼は英語を**習得する**ためにイングランドに行った。

□ 1534

skip
[skíp]

動 ～を飛ばす、スキップする

I **skipped** breakfast in order to catch the first train.
私は始発列車に間に合うために朝食を**飛ばした**（＝抜いた）。

□ 1535

burn
[bə́:rn]

動 火傷する、燃える、～を焦がす

Be careful not to **burn** yourself.
火傷をしないように注意してください。

□ 1536

expose
[ɪkspóuz]

動 ～をさらす

Be careful not to **expose** your skin to the sun.
皮膚を太陽に**さらさ**ないように注意しなさい。

□ 1537

catch
[kǽtʃ]

動 ～に間に合う、～を捕る、～を捕まえる
catch - caught - caught

Let's hurry so that we can **catch** the train.
列車に**間に合う**ように急ぎましょう。

□ 1538

concentrate
[kɑ́:nsəntrèɪt]

動 集中する、～を集中させる

Stop talking so that he can **concentrate** on his work.
彼が仕事に**集中する**ことができるようにおしゃべりをやめなさい。

□ 1539

support
[səpó:rt]

動 ～を養う、～を支える
名 支持、支援

He works hard so that he can **support** his family.
彼は家族を**養う**ために一生懸命働いている。

□ 1540

disturb
[distə́:rb]

動 ～の邪魔をする

Keep quiet so that you won't **disturb** her.
彼女の**邪魔をする**ことがないように静かにしていなさい。

□ 1541

focus
[fóukəs]

動 集中する、～を集中させる
名 焦点、中心

Turn off the TV so that I can **focus** on my work.
仕事に**集中する**ことができるようにテレビを消してください。

□ 1542

hurry
[hə́:ri]

動 急ぐ
名 急ぐこと

Hurry up so that you won't miss the train.
列車に乗り遅れないように**急ぎなさい**。

□ 1543

note
[nóut]

動 ～を書き留める、～に注意する
名 メモ

Note down your idea so that you won't forget it.
忘れないように自分のアイデアを**書き留めて**おきなさい。

□ 1544

oversleep
[òuvərslí:p]

動 寝過ごす
　 oversleep - overslept - overslept

Set the alarm so that you won't **oversleep**.
寝坊することがないようにアラームをかけなさい。

□ 1545

recognize
[rékəgnàız]

動 (それだと) わかる、～を認識する、

He wore sunglasses so that no one would **recognize** him.
彼は誰にも**わから**ないようにサングラスをかけていた。

接続詞や前置詞句とともに覚える

「接続詞 **SV**」のかたまりも副詞ですが、前置詞句も多くの場合、副詞的に使われます。

（1）**Though** he is wealthy, he's not happy.
　　／ **In spite of** his wealth, he's not happy.
　　彼は裕福だが幸せではない。

（2）**Be careful** when you cross the street.
　　／ **Be careful** when crossing the street.
　　通りを渡るときは気をつけなさい。

　次のように、現在分詞（**ing**）のかたちで副詞的な働きをする表現もあります。

（3）**I'm busy** doing my homework.
　　宿題をしていて忙しい。

（4）**I had trouble** finding his house.
　　彼の家を見つけるのに苦労した。

（5）**I spent an hour** playing a video game.
　　テレビゲームをする
　　のに1時間使った。

前後や間に名詞などを挟んだ慣用表現も覚えましょう。

(6) **She is not a singer but an actress.**
　　彼女は歌手ではなく女優だ。
　　not A but B「**A** ではなく **B**」

(7) **She is not only a singer but an actress.**
　　彼女は歌手だけでなく女優でもある。
　　not only A but (also) B「**A** だけでなく **B** も」

(8) **She is an actress as well as a singer.**
　　彼女は歌手であると同様に女優でもある。
　　A as well as B「**B** と同様に **A** も」

(9) **She is both a singer and an actress.**
　　彼女は歌手でもあり女優でもある。
　　both A and B「**A** も **B** も両方」

動詞

□ 1546

spend
[spénd]

動 ～を費やす　spend - spent - spent

I **spent** the whole day fishing.
私は丸一日を釣りに**費やした**。

□ 1547

compare
[kəmpéər]

動 ～と比べる、～にたとえる

Compared to his car, my car is less expensive.
彼の車に**比べる**と私の車は安い。

□ 1548

enforce
[ɪnfɔ́:rs]

動 ～を施行する、～を強要する

The government had trouble **enforcing** the law.
政府は法律を**施行する**のに苦労した。

□ 1549

fold
[fóuld]

動 ～をたたむ、～を折る

She is busy **folding** laundry.
彼女は洗濯物を**たたむ**のに忙しい。

□ 1550

gather
[gǽðər]

動 ～を集める、集まる

He was busy **gathering** information about the client.
彼は顧客に関する情報を**収集する**のに忙しかった。

□ 1551

gaze
[géɪz]

動 じっと見る

She stood **gazing** at the jewels.
彼女は立って宝石を**じっと見ていた**。

364

□ 1552

glance
[glǽns]

動 ちらりと見る
名 ちらりと見ること

He sat down, **glancing** at his watch.
彼は座って腕時計を**ちらっと見た**。

□ 1553

injure
[índʒər]

動 ~を痛める、~を傷つける

I **injured** my knees when running a marathon.
私はマラソンをしているときに膝を**痛めた**。

□ 1554

judge
[dʒʌ́dʒ]

動 (~を)判断する

Judging from the look of the sky, it's going to rain.
空模様から**判断すると**雨が降りそうだ。

□ 1555

mend
[ménd]

動 ~を修理する

He spent an hour **mending** the bike.
彼は自転車を**修理する**に1時間費やした。

□ 1556

permit
[pərmít]

動 ~を許可する
名 許可書

Weather **permitting**, we'll go on a picnic tomorrow.
天気が**許せば**、私たちは明日ピクニックに行きます。

□ 1557

prepare
[prɪpéər]

動 (~を)準備する

Our team is busy **preparing** for the event.
私たちのチームはイベントの**準備**に忙しい。

□ 1558

organize
[ɔ́:rɡənàɪz]

動 ～を準備する、～を手配する

They are busy **organizing** the party.
彼らはパーティーの準備に忙しい。

□ 1559

surf
[sə́:rf]

動 ネットサーフィンする、～を見て回る

I spent all day **surfing** the Internet.
私は一日中ネットを見て過ごした。

□ 1560

swallow
[swɑ́:lou]

動 ～を飲み込む
名 ツバメ

I have trouble **swallowing** the medicine.
私はその薬を飲むのに苦労する。

名詞

□ 1561

certificate

[sərtífɪkət]

名 証明書

You will need a birth **certificate** when applying for a passport.
パスポートを申請する時は出生証明書が必要でしょう。

□ 1562

clothes

[klóuz]

名 衣服

I have trouble finding **clothes** that fit me.
私に合った服を見つけるのに苦労する。

□ 1563

direction

[dərékʃən]

名 道案内、方向、指示

You should be polite when asking **directions**.
道を尋ねるときは丁寧に聞くべきです。

□ 1564

draft

[dræft]

名 草稿、小切手
形 下書きの、生の

I'm busy writing a **draft** of my speech.
私はスピーチの草稿を書くのに忙しい。

□ 1565

instrument

[ínstrəmənt]

名 楽器、道具

Speaking of music, do you play any **instruments**?
音楽と言えば、何か楽器を弾きますか。

□ 1566

laboratory

[lǽbərətɔ̀:ri]

名 実験室、研究室

He usually spends all day working in the **laboratory**.
彼は普段は一日中実験室で過ごす。

□ 1567

lane

[léɪn]

名 車線、小道、路地

Be careful when changing **lanes**.
車線を変えるときは注意してください。

□ 1568

lifetime

[láɪftàɪm]

名 生涯

He spent his **lifetime** working for his country.
彼は国のために働くことに生涯を費やした。

□ 1569

material

[mətíəriəl]

名 材料、生地
形 物質的な

I use the Internet when preparing teaching **materials**.
教材の準備をするとき、私はインターネットを利用します。

□ 1570

pedestrian

[pədéstriən]

名 歩行者

Watch out for **pedestrians** when driving.
車を運転するときは歩行者に注意してください。

□ 1571

press

[prés]

名 報道、新聞、マスコミ
動 ～を押す

Judging from the **press**, the event was a great success.
報道から判断するとそのイベントは大成功だった。

□ 1572

routine

[ru:tí:n]

名 決まってすること
形 いつもの

He seems busy doing **routine** paperwork.
彼はいつもの文書業務に忙しいようです。

□ 1573

trouble
[trʌ́bl]

名 苦労、困難、故障
動 ～を悩ます、骨を折る

I had no **trouble** finding your apartment.
あなたのアパートを見つけるのに、まったく**苦労**しませんでした。

□ 1574

acquaintance
[əkwéɪntəns]

名 知り合い、知人

He is not a friend but just an **acquaintance**.
彼は友人ではなく単なる**知り合い**です。

□ 1575

army
[ɑ́ːrmi]

名 陸軍

He didn't join the **army** but the navy.
彼は**陸軍**ではなく海軍に入隊した。

□ 1576

biology
[baɪɑ́ːlədʒi]

名 生物学

He teaches both **biology** and English.
彼は**生物学**も英語も教えている。

□ 1577

disadvantage
[dìsədvǽntɪdʒ]

名 短所、欠点

This is both an advantage and a **disadvantage**.
これは長所でもあり**短所**でもある。

□ 1578

employee
[ɪmplɔ́ɪiː]

名 従業員

I'm not an employer but just an **employee**.
私は雇い主ではなく単なる**従業員**です。

□ 1579

fame
[féɪm]

名 名声

He won both **fame** and fortune.
彼は**名声**も富も得た。

□ 1580

firefighter
[fáɪərfàɪtər]

名 消防士

Her father is not a **firefighter** but a police officer.
彼女の父親は**消防士**ではなく警察官です。

□ 1581

freight
[fréɪt]

名 貨物、積み荷

The ship carries both **freight** and passengers.
その船は**貨物**も乗客も輸送する。

□ 1582

lawyer
[lɔ́ɪər]

名 弁護士

He's not a **lawyer** but just a law student.
彼は**弁護士**ではなく、ただの法学生です。

□ 1583

luxury
[lʌ́ɡʒəri]

名 贅沢 (品)

Having a car is not a **luxury** but a necessity.
車を持つことは**贅沢なこと**ではなく不可欠なことです。

□ 1584

physician
[fɪzíʃən]

名 内科医

He's not a **physician** but a dentist.
彼は**内科医**ではなく歯科医です。

□ 1585

politician
[pàːlətíʃən]

名 政治家

He is not a **politician** but a lawyer.
彼は**政治家**ではなく弁護士です。

□ 1586

surgeon
[sɔ́ːrdʒən]

名 外科医

She is not a **surgeon** but a physician.
彼女は**外科医**ではなく内科医です。

□ 1587

technique
[tekníːk]

名 技術、技巧

Both strength and **technique** are important.
体力も**技術**も重要です。

□ 1588

veterinarian
[vètərənéəriən]

名 獣医 (=vet)

She is not a doctor but a **veterinarian**.
彼女は医者ではなく**獣医**です。

□ 1589

resident
[rézədənt]

名 住民
形 住んでいる

This place attracts not only tourists but local **residents**.
この場所は観光客だけでなく地元の**住民たち**も引きつける。

形容詞

□ 1590

artificial
[ɑ̀ːrtəfíʃəl]

形 人工的な、不自然な

This lake isn't natural but **artificial**.
この湖は自然なものではなく**人工的な**ものです。

□ 1591

capable
[kéɪpəbl]

形 ～ができる、有能な

She is **capable** of teaching Spanish as well as English.
彼女は英語だけでなくスペイン語も教えること**ができる**。

□ 1592

challenging
[tʃǽlɪndʒɪŋ]

形 やりがいのある、挑戦的な

Teaching is both **challenging** and rewarding.
教えることは**やりがいがあり**価値もある。

□ 1593

efficient
[ɪfíʃənt]

形 手際がよい、効率のよい

She is not only **efficient** but also reliable.
彼女は**手際がよい**だけでなく頼りにもなる。

□ 1594

reliable
[rɪláɪəbl]

形 確実な、頼りになる

The method is not only easy but **reliable**.
その方法は簡単なだけでなく**確実だ**。

□ 1595

social
[sóuʃəl]

形 社会的な、社会の

The bee as well as the ant is a **social** insect.
アリと同様ミツバチも**社会性**昆虫だ。

前置詞

□ 1596

above
[əbʌ́v]

前 ～の上に
副 上に

How high are we **above** sea level?
海面の上（＝海抜）、どれくらいの高さに私たちはいますか。

□ 1597

according to
[əkɔ́:rdɪŋ]

前 ～によれば

According to the forecast, it's going to rain tomorrow.
予報によれば、明日は雨でしょう。

□ 1598

against
[əgènst]

前 ～に対して、～に反して

The rain is beating **against** the windows.
雨が窓に対して打ち付けて（＝窓を打ち付けて）います。

□ 1599

behind
[bɪhàɪnd]

前 ～の後ろに
副 後ろに、遅れて

We are about ten minutes **behind** schedule.
私たちは予定より約10分遅れています。

□ 1600

below
[bɪlóu]

前 ～の下に
副 下に

Rainfall has been **below** average this year.
今年の降雨量は平均より下（＝平均以下）です。

□ 1601

beyond
[biá:nd]

前 ～の向こうに
副 向こうに

The sun is setting **beyond** the horizon.
太陽が地平線の向こうに沈んでいる。

□ 1602

concerning
[kənsə́:rnɪŋ]

前 ～に関して (=about)

I know nothing, **concerning** his educational background.
彼の学歴に関して私は何も知りません。

□ 1603

considering
[kənsídərɪŋ]

前 ～の割に (=for)、～を考えると

Ken looks young, **considering** his age.
ケンは年の割に若く見える。

□ 1604

despite
[dɪspáɪt]

前 ～にもかかわらず (=in spite of)

Despite his wealth, he seems unhappy.
彼は財産があるにもかかわらず不幸に見える。

□ 1605

during
[dʒə́:rɪŋ]

前 ～の間

They are staying at this hotel **during** the conference.
会議の間 (=会議期間中)、彼らはこのホテルに滞在している。

□ 1606

except
[ɪksépt]

前 ～以外、～を除いて

Everyone seems busy **except** me.
私以外みんな忙しそうです。

□ 1607

following
[fá:louɪŋ]

前 ～に続いて

Following the lecture, light refreshments will be served.
講義に続いて、軽食が出されます。

□ 1608

opposite

[ά:pəzɪt]

前 ～の向かいに、～と反対側に
形 反対側の

The man sitting **opposite** me is my uncle.
私の**向かい側**に座っている男性は叔父です。

□ 1609

regarding

[rɪgάːrdɪŋ]

前 ～に関して (=about)

I have nothing more to say **regarding** this matter.
この件に**関して**、私はこれ以上言うことはありません。

□ 1610

throughout

[θruːάut]

前 ～の至るところに

He is traveling **throughout** the world.
彼は世界の**至るところ** (=世界中) を旅行しています。

□ 1611

toward

[tɔ́ːrd]

前 ～のほうへ、～に向かって

A big dog came running **toward** me.
大きな犬が私の**ほうへ**走って来た。

□ 1612

unlike

[ʌnláɪk]

前 ～らしくない、～と違って
形 似ていない

It's **unlike** you to get angry.
怒るとはあなた**らしくない**。

□ 1613

within

[wɪðín]

前 ～以内に

I live **within** ten minutes' walk of the station.
私は駅から歩いて10分**以内**の所に住んでいます。

□ 1614

without
[wɪðáut]

前 ～なしで

I can't live **without** you by my side.
あなたがそばに**いなければ**、私は生きていけません。

□ 1615

worth
[wə́:rθ]

前 ～の価値がある
名 価値

This book is **worth** reading three times.
この本は3回読む**価値があります**。

□ 1616

because of

前 ～が原因で、～のために

I was late **because of** the snow.
私は雪が**原因**で遅刻しました。

□ 1617

due to

前 ～のために、～が原因で

The game was called off **due to** the rain.
その試合は雨の**ために**中止になった。

□ 1618

owing to
[óuɪŋ]

前 ～が原因で、～のおかげで

The game was canceled **owing to** the rain.
その試合は雨の**ために**中止になった。

□ 1619

instead of

前 ～の代わりに、～しないで

I went fishing **instead of** playing golf.
私はゴルフをやる**代わりに**釣りに行った。

接続詞

□1620

although

[ɔːlðóu]

接 ～だけれど (=though)

Although he is rich, he isn't happy.
彼はお金持ち**だけれど**幸せではない。

□1621

as far as

接 ～する限り

As far as I know, she's gone to New York.
私の知る**限り**、彼女はニューヨークに行ってしまった。

□1622

as long as

接 ～する間は、～する限り

I love you **as long as** I live.
私が生きている**間は**あなたをずっと愛しています。

□1623

as soon as

接 ～するとすぐに

As soon as I left the hotel, it began to rain.
ホテルを出る**とすぐに**雨が降り出した。

□1624

by the time

接 ～するまでには

By the time you get back, dinner will be ready.
あなたが戻る**までには**夕食の準備ができているでしょう。

□1625

in case

接 ～するといけないので

Take your umbrella **in case** it rains.
雨が降る**といけないので**傘を持って行きなさい。

till

[tíl]

接 ～するまで (=until)
前 ～まで

I'll stay home **till** it stops raining.
私は雨が止むまで家にいます。

□ 1627

unless

[ənlés]

接 ～しないと、～しないかぎり

You will be late **unless** you hurry.
急がないと遅れますよ。

□ 1628

whatever

[wʌtévər]

接 何が～しようと

I'll stand by you **whatever** happens.
何が起きようと私はあなたの味方です。

□ 1629

whenever

[wenévər]

接 ～するときはいつでも、いつ～しても

You can come **whenever** you like.
好きなときにいつでも来ていいですよ。

□ 1630

wherever

[weərévər]

接 ～するところはどこでも、どこに～しても

I'll follow you **wherever** you go.
あなたが行くところはどこでもついて行きます。

□ 1631

whether

[wéðər]

接 ～であろうとなかろうと、～かどうか

You have to go **whether** you like it or not.
気に入ろうとなかろうと、とにかくあなたは行かなければいけません。

□ 1632

while

[wáɪl]

接 ～のうちに、～する間に

Strike **while** the iron is hot.
鉄は熱い**うちに**打て。

□ 1633

however

[hauévər]

接 どんなに～でも
副 しかしながら

However fast you run, you can't catch me.
どんなに速く走っ**ても**、私には追いつけませんよ。

However, I still can't agree with you.
しかしながら、それでもあなたには賛成できません。

□ 1634

if

[ɪf]

接 もし～なら、たとえ～でも

Do you mind **if** I open the window?
私が窓を開け**たら**、あなたは気にしますか（＝窓を開けてもいいですか）。

I'll go even **if** it rains tomorrow.
たとえ明日雨が降っ**ても**行きます。

INDEX

application 201
apply 219
appoint 71
appointment 94
appreciate 141
approach 20
appropriate 171
approve 160
approximately 338
aquarium 161
architect 324
argue 173
army 369
arrange 138
arrest 267
arrival 121
arrive 218
article 322
artificial 372
as far as 377
as long as 377
as soon as 377
ask 84
asleep 44
assemble 173
assembly 94
assert 184
asset 205
assign 262
assist 356
associate 265
assume 184
assure 197
atmosphere 77
attach 238
attack 271
attain 282
attempt 138
attend 32
attendant 154
attitude 54
attract 172
attraction 122
audience 110
auditorium 106

authentic 297
author 323
authority 314
automatically 330
available 117
average 243
avoid 141
awake 44
award 263
aware 49
awful 41

⟨B⟩

background 271
backyard 94
bake 63
balance 120
ban 263
banquet 274
bark 219
base 307
basement 106
basis 229
bear 144
beat 88
beauty 204
because of 376
become 38
behave 283
behavior 126
behind 373
belief 203
belong 16
belongings 76
below 373
benefit 241
besides 346
bet 219
beyond 373
bilingual 248
bill 284
billion 243
bind 311
biography 271
biology 369

【著者紹介】

清水建二
（しみず・けんじ）

株式会社 KEN'S ENGLISH INSTITUTE 代表取締役
1955 年、東京都浅草生まれ。埼玉県立越谷北高校を卒業後、上智大学文学部英文学科に進む。ガイド通訳士を経て、進学の名門・県立浦和高校などで約40 年間、英語教師として教鞭をとる。基礎から上級まで、わかりやすくユニークな教え方に定評があり、生徒たちから「シミケン」の愛称で絶大な人気を博した。現在はその経験を活かし、英語教材クリエイターとして活躍中。著書はシリーズ累計100 万部突破の『英単語の語源図鑑』（共著・かんき出版）のほか、シリーズ累計 40 万部突破の『英会話「1 秒」レッスン』（成美堂出版）、『教養の語源英単語』（講談社現代新書）など 90 冊を超える。趣味は旅行と食べ歩き。2017年 4 月より、「ASAHI WEEKLY」（朝日新聞社）に毎週「シミケンのコラム」を連載中。

*本書に関するご意見・ご質問などは〔清水建二公式サイト〕までお寄せください。
http://shimiken.me/

〔イラスト図解〕

すずきひろし

英語講師（相模大野「おとなのための英語塾」）でイラストレーター。親しみやすいイラスト図解を使って、英単語の意味や英文法・語法、熟語や前置詞のイメージを説明する方法を追求する。『英単語の語源図鑑』（共著・かんき出版）を含めてこれまでに1万点以上のイラスト図解を製作。著書に『やさしい英単語の相性図鑑』（ソシム）、『英文法の解剖図鑑』（青春出版社）、『前置詞おはなし絵巻』（ペレ出版）などがある。

ブックデザイン	中西啓一（panix）
カバーイラスト	高橋由季
本文DTP	中西啓一（panix）、河源社
音声制作	英語教育協議会（ELEC）
音声出演	Howard Colefield、Jennifer Okano
校正	Sayaka Wild

会話力を高めるための英単語リスキリング

2023年1月30日　第1刷発行

著　者　清水建二
発 行 者　鈴木勝彦
発 行 所　株式会社プレジデント社
　　　　　〒102-8641　東京都千代田区平河町2-16-1
　　　　　平河町森タワー13F
　　　　　https://www.president.co.jp　https://presidentstore.jp/
　　　　　電話　編集（03）3237-3732
　　　　　　　　販売（03）3237-3731

編　集　田所陽一
販　売　桂木栄一　高橋徹　川井田美景　森田巌　末吉秀樹
　　　　　花坂稔　榛村光哲
制　作　関結香
印刷・製本　凸版印刷株式会社